U0898980

[英国]伯纳德·克里克 著　史献芝 译

民主

牛津通识读本·

Democracy

A Very Short Introduction

译林出版社

图书在版编目（CIP）数据
民主/（英）伯纳德·克里克（Bernard Crick）著；史献芝译．—南京：译林出版社，2018.8（2021.7重印）
（牛津通识读本）
书名原文：Democracy: A Very Short Introduction
ISBN 978-7-5447-7323-2

I. ①民… II. ①伯… ②史… III. ①民主－研究 IV. ①D082

中国版本图书馆 CIP 数据核字（2018）第 066552 号

Democracy: A Very Short Introduction, First Edition by Bernard Crick
Copyright © Bernard Crick 2002
Democracy: A Very Short Introduction, First Edition was originally published in English in 2002. This licensed edition is published by arrangement with Oxford University Press. Yilin Press, Ltd is solely responsible for this bilingual edition from the original work and Oxford University Press shall have no liability for any errors, omissions or inaccuracies or ambiguities in such bilingual edition or for any losses caused by reliance thereon.
Chinese and English edition copyright © 2018 by Yilin Press, Ltd
All rights reserved.

著作权合同登记号　图字：10-2020-573 号

民主　［英国］伯纳德·克里克／著　史献芝／译

责任编辑　许　丹　何本国
装帧设计　景秋萍
校　　对　张　萍
责任印制　董　虎

原文出版　Oxford University Press, 2002
出版发行　译林出版社
地　　址　南京市湖南路 1 号 A 楼
邮　　箱　yilin@yilin.com
网　　址　www.yilin.com
市场热线　025-86633278
排　　版　南京展望文化发展有限公司
印　　刷　江苏凤凰通达印刷有限公司
开　　本　635 毫米 × 889 毫米　1/16
印　　张　17.25
插　　页　4
版　　次　2018 年 8 月第 1 版
印　　次　2021 年 7 月第 5 次印刷
书　　号　ISBN 978-7-5447-7323-2
定　　价　39.00 元

版权所有·侵权必究
译林版图书若有印装错误可向出版社调换，质量热线：025-83658316

序　言

俞可平

我常常说：在现当代社会政治理论中，争议最大而又无法绕过的概念，大概要数“民主”[①]。伯纳德·克里克比我走得更远，他在《民主》一书中开宗明义就指出：“民主”（democracy）一词有许多含义，它不仅是一个“本质上有争议的概念”，而且还是一个“最混乱不堪的词”（“引言”第1页）。尽管大家都在争相谈论民主，但对究竟什么是民主，如何评价民主，学者和政治家之间的观点不仅莫衷一是，而且常常针锋相对。在克里克看来，这是因为民主这个概念，“本身就承载着不同的社会、道德和政治内容”（“引言”第1页）。

无论是喜欢民主、崇拜民主，还是怀疑民主、拒斥民主，人类的政治生活却又躲不开民主。用克里克的话来说就是，“无论如何，至少在今天，我们的生活离不开它”（“引言”第1页）。之所以这样，是因为自近代以后，民主已经从一种少数政体变成多数

① 俞可平：《偏爱学问》，上海交通大学出版社2016年版，第89页。

政体，从原先的异常政体成为现在的常规政体，从源于西方的政治制度成为人类政治文明的共同成果，从现实的政治生活变成了理想的政治价值。在当代世界，民主是政治合法性（legitimacy）的主要来源，几乎所有国家都声称自己是民主国家。

对民主的争论，不仅存在于当今的知识分子和政治人物中间，也贯穿于整个民主的思想史和发展史之中；不仅存在于不同政治体系之间，也存在于同一政治体系内部。民主已经成为引发全人类思考的恒久性和普遍性的热点问题。如果把中外学者论述民主的书籍收集在一起，足可以装备一座不小的图书馆。要在一本只有六七万字的小册子中，全面阐述民主的历史与现实、理论与实践、优点与局限，无疑是一个巨大的挑战。克里克说，他"乐于接受写作本书带来的挑战"。现在看来，克里克取得了极大的成功。克里克的代表作是发表于1962年的《为政治辩护》（*In Defense of Politics*），该书使他一举成名，并且已经成为现代西方政治学的经典之作。《民主》作为"牛津通识读本"之一，初版发表于2002年，就其发行量来说，甚至超过了《为政治辩护》。毫无疑问，在所有关于民主的通俗读物中，此书是最优秀的代表作之一。

民主既是一种政治思想，还是一种政治制度和生活方式。要真正理解民主的真实含义，必须从三个维度对民主进行全方位的观察。作为一名杰出的政治学家，克里克非常清楚地知道，要向读者传播关于民主的完整知识，就要明白无误地告诉读者："民主可以是政制的原则或学说；民主可以作为一套制度安排或宪政手段；民主也可以作为一种行为类型。"（"引言"第5页）《民主》一书的基本结构，正是围绕这三个部分展开的。克里克称之为“三头并进”。

从公元前5世纪雅典出现人类历史上第一个民主政体以来的2500多年漫长历史中，就其绝大多数时间而言，民主并非一个“好东西”，相反常常被当作“坏东西”。另一位英国政治学者说：“大约在1850年前的英格兰，民主一词多少被看作‘街头流血事件’或‘暴民统治’的同义语。”[①] 民主是如何从“坏东西”变成“好东西”的？如何从古希腊的特殊政体变为世界政治的普遍形式？如何从一种现实的制度安排变成理想的政治价值？要回答这些问题，就不得不考察人类的民主思想史和民主发展史。克里克通过简要评述柏拉图、亚里士多德、马基雅维里、卢梭、洛克、约翰·密尔、托马斯·杰斐逊、托克维尔、熊彼特、汉娜·阿伦特、奥威尔和罗伯特·达尔等人的民主观点，追溯了民主的思想史。同时，他又通过评述雅典的民主、罗马的共和、英国内战与《大宪章》、美国独立战争与费城制宪、法国大革命与法兰西共和等人类历史上的重大政治事件，简要地追溯了民主的发展史。克里克对民主历史的论述，在《民主》一书有限的篇幅中占据了很大的比例。这一点体现了克里克对历史的以下信念：“要理解任何人类制度，必须先对此前发生的事有所了解，了解为何要创建它们，它们又是如何演变的。”（“引言”第3页）

政治学探寻人类政治发展的普遍规律，是人类最古老的基础学科之一，也是人类知识体系不可缺少的组成部分。与其他人文社会科学相比，政治学与现实政治的关系最为密切，政治

① 柯林·梅赛（Colin Mercer）：《革命、改良或再造？马克思主义论民主》（“Revolutions, Reforms or Reformulations? Marxist Discourse on Democracy”），见阿兰·亨特（Alan Hunt）编《马克思主义与民主》（*Marxism and Democracy*），新泽西：人文出版社1980年版，第107页。

学者和政治思想家的现实关怀通常更加强烈。这是政治学由来已久的传统。亚里士多德把政治学视为“主导学科”（master science），因为它事关“共同体的善”，即事关社会的公共利益。因此，政治学不仅具有知识的意义，还有伦理的意义。正如亨廷顿所说，“政治学不仅是一门知识性的学科（intellectual discipline）；还是一门道德性的学科（moral one）”[①]。与亨廷顿一样，克里克也传承了源自亚里士多德的这一西方政治学的悠久传统。他说：“如果人类社会的根本问题确实是欲望无限而资源有限，那么政治学，而不是经济学，才是主导学科（master science）”[②]。

克里克退休前一直在大学研究和讲授政治学，是一个典型的学者。但与许多欧美的政治学教授不同，克里克特别注重政治实践，具有强烈的现实关怀。他曾经担任过英国工党领袖金诺克（Neil Kinnock）的高级顾问，著有《社会主义》等重要政治论著，被公认是民主社会主义的理论家。退休后，他又积极投身于英国的公民教育和苏格兰的议会政治，成为英国的公民教育权威和苏格兰的重要政治活动家。从实践的角度来阐释政治，又用政治的观点去影响实践，是克里克学术生涯的显著特征。在《为政治辩护》一书中，他别具特色地把政治定义为“公共的伦理”（ethics done in public）。在他看来，政治就是“行动的政治”（politics of action），而不是“思想的政治”（politics of thought）[③]。同样地，在这本小册子《民主》中，他所阐发的许多重

① 萨缪尔·亨廷顿（Samuel P. Huntington）：《美国政治学评论》（American Political Review），1988年第3期。

② 伯纳德·克里克：《为政治辩护》（*In Defence of Politics*），芝加哥大学出版社1993年版，第164页。

③ 同上书，第118页。

要观点，与其说是纯粹的学术知识，还不如说是现实的政治劝诫。

他告诉读者，世界上没有十全十美的政治制度，民主作为一种政治制度，也有其内在的不足。民主不是正义的化身，甚至也不是善治的同义语。他赞同民主的流行定义，即民主是一种政治统治的方式，但他认为这种人民的统治并不自发地导致政治正义或善治。在他看来，民主的价值在于，“这种制度允许在无处不在的价值和利益冲突之间做出和平的妥协”（正文第93页）。所以，克里克对民主制度始终有所保留，而不是一味地推崇。他说，这也是为什么他写了一本《为政治辩护》，而不再写一本《为民主辩护》的原因所在。

尽管民主不是十全十美的政治制度，人类也许永远不会有完美无缺的政治制度，但在迄今人类所发明和应用的所有制度中，民主相对而言是最好的制度。诚如马克思所说：“在君主制中是国家制度的人民；在民主制中则是人民的国家制度。民主制是国家制度一切形式的猜破了的哑谜。”[①]克里克并不迷信民主，即使对民主的优点了如指掌：民主政治可以有效地限制专制独裁，公民在民主条件下有最广泛的参与，民主政治使政府变得更加透明，民主制度使信息自由传播，在民主政治条件下公民之间有高度的相互信任。一言以蔽之，民主即使不是最理想的制度，却也是实现善治和政治正义不可或缺的制度。克里克屡屡强调，民主不是善治的充分条件，却是善治的必要条件。没有民主，就不可能有善治。克里克最后引用美国著名神学家雷茵霍尔德·尼布尔（Reinhold Niebuhr）的话，来表达他自己对民主的

① 马克思：《黑格尔法哲学批判》，《马克思恩格斯全集》第二版第三卷，人民出版社2002年版，第41页。

最终结论:“人的正义倾向使民主成为可能,人不公正行事的可能则使民主必不可少。”(正文第121页)显而易见,克里克实际上不仅为政治做了出色的辩护,也为民主做了有力的辩护。

民主是普遍性与特殊性的统一。任何国家的民主,都或多或少带有自己的特色,世界上没有一模一样的民主制度;但任何国家的民主即使最有特色,也必然有其共性。没有选举、代表、法治、参与、责任、自治等共同要素,也就无所谓民主。克里克深谙民主的这一要义。在追溯西方民主思想史的过程中,他就发现有过四种不同类型的民主观,古希腊、古罗马、法国人和美国人对民主的理解是各不相同的。正如民主有其特殊性一样,现代民主同样有其普遍性。关于现代民主政治的普遍特性,克里克赞同达尔的观点,把“代议制政治、自由公正的选举、言论自由、信息独立、社会自治和广泛的公民权”视为现代民主的共同特征。

实现民主需要一定的社会现实条件,包括相应的社会经济基础、现代政治文化、国民的素质、政治精英的作用、健全的公民社会、地缘政治、国际环境等等。不具备必要的现实条件贸然推进民主,效果常常会适得其反,甚至会给国家和人民带来灾难性的结果。克里克特别看重民主政治所需要的这些现实条件,他通过历史的比较后指出,以下这些现实条件对民主政治至关重要:“居民的角色、官方学说、典型的社会结构、精英的性质、典型的政府机构、经济类型、财产理论、对法律的态度、对知识的态度、信息的传播、对政治的态度。”(正文第93页)

专制泯灭人性,专权导致腐败,这是政治学的普遍公理。民主制度一个主要的功能,是通过分权制衡和轮换更替的约束,来避免专制独裁。然而，专制独裁在某些特殊条件下却又是人类所需要的，例如在外敌入侵或国内发生严重危机时。克里克说，即使现代民主国家也无法回避这种必要性，即规定某种紧急状态下的权力。“独裁者”（dictator）等现在看来带有贬义的概念，原初则是中性的甚至褒义的。问题的关键不是人类是否需要“独裁者”，而在于如何防止独裁者拥有无限的权力。社会危机常常产生独裁者，一旦紧急状态结束后独裁者仍然不愿放弃其独裁权力，应该怎么办？克里克认为，唯一的办法就是通过法律剥夺其无限制的权力。克里克在论及古罗马的独裁权力时说：“如果他在紧急情况结束后恋栈贪权，或为了保留权力而人为地延长紧急状态，他事实上就被剥夺了法律的保护。如果能做到，任何人都有权杀死他。诛戮暴君是最为极端又是最大的政治美德。”（正文第25页）

民主政治和民粹主义之间有着天然的紧密联系，它们几乎从同一前提出发，却最终走向了截然相反的终点。两者都强调人民的主体性和民众至上，但民主政治坚守理性、法治和包容，民粹政治则诉诸情绪、排斥和敌视。民粹主义始终是民主政治的主要威胁之一，民众的民粹主义情绪通常会被政治野心家利用，最终成为其专制独裁的工具。克里克对此有高度的警醒，他用专门的章节来论述民主与民粹的关系。他引用阿伦特的话，将“人民”与“暴民”区分开来：“人民在政治上寻求有效的代表，暴民则仇恨自己被排除在外的社会。”（正文第85页）反观民粹主义在当代西方发达国家的普遍泛滥，及其对西方自由民主的伤害，不能不说克里克在这一问题上有惊人的先见之明。

克里克教授已经在2008年离开了这个充满纷争的世界，他逝世后西方的民主政治遇到了新的重要危机，突出的表现就是不平等导致的民粹主义浪潮和信息技术对公民权的威胁。但我相信他不会对此感到多少意外，因为他从来不认为民主可以包治百病，民主同样需要与时俱进，不断改革完善。我也同样相信，他不会因此而对民主失去信心，因为他在考察民主的历史时早已清醒地洞察到，民主最契合人类的本性，它会在曲折中向前推进。

2018年4月9日，于牛津大学校园

目录

引　言

“民主”（democracy）一词有许多含义。如果说其中有哪个是本源的，那么柏拉图可能会说，事实上它被尘封在天上；不幸的是，还没有传达给我们。这个词正是某些哲学家所说的“本质上有争议的概念”，类似这样的词永远不会让所有人一致同意以相同的方式加以定义，因为定义本身就承载着不同的社会、道德和政治内容。不过，无论如何，至少在今天，我们的生活离不开它。四十年前我写下《为政治辩护》（*In Defence of Politics*）一书，在书中为这个“最混乱不堪的词”找了个化身，让它变成希腊或罗马神话中的仙女，即雅典的小神“民主”（Democratia）：“她是大众情人，即便哪个爱侣看到她的芳心正被其他人无理分享，也不减她的魔力。”

当然，柏拉图讨厌民主。对他来说，这种统治方式是在让意见（*doxa*）超越哲学（*philosophia*），让看法重于知识。希腊语中表示统治的词是*Kratos*，而*demos*意指“人民”，但是古代（以及现代）许多论者都赋予它一种贬义，把多数人简单地归为暴民，即强大、自私、变化无常、前后不一的兽类。我们会看到，柏拉图的学生亚里士多德在《政治学》一书中采取了比较温和的观点。对他来说，民主是善治的必要条件，但远不是充分条件。如果谈
1 论正义和善治，我们就是在谈论由不同的概念、价值和做法构成的复杂集合，这种集合一直处于变化之中。比阿特丽斯·韦伯曾说："民主并非谬见的叠加"；她这么说不是在否认民主，只是可能略有些尖刻地把民主放到了原本的位置，并要求在教育领域进行更多的改革，或者只是在呼唤教育。

所以，任何人如果主张存在某种无论何时都最为理想的民主概念，我们都应该存疑，对于我们如何选择穿戴某套现成的民主服装而不是另一套，则应该带一些嘲讽。不过，选择还是必需的，即使是以默认的方式。在民主国家，广泛存在的不作选择可能是一种危险的选择方式。每个人都必须选择一些东西，但是如何以及为何擅自替他人做出选择，则是另一回事。从广义上说，大多数生活在我们称之为"民主"的政府体系中的人，都可能会阅读类似眼前这样的一本书。如希腊诗人所说的，"民主"这个词仍然能够，或者说应该"像酒一样温暖血液"，而"立宪政体"之类的则有一点关于民主的教科书或法律书籍的意味。尽管颇多歧义，还是很有必要探讨"民主"，探讨它的使用和滥用，正如本书的结尾部分将要详述的那样。在新的政制确立之际，要在不同的民主制度之间进行选择，比如在战后的德国和日本，在苏联解体后新诞生的那些共和国，或者在苏格兰、威尔士和北爱尔兰这样的权力由移交而来的政府中。但是，这并不意味着民主在任何情况下都是压倒一切的原则（更不用说令人难过的事实是，世界上大多数国家并没有民主）。例如，在过去的一两

年中，我碰巧参加过很多会议，会上有人站起来，充满激情又合乎逻辑地要求创建“民主学校”，我则毫不留情地反击：“胡说八道，学校不可能是民主的；但是上帝为证，有许多国家需要变得更加民主，某些国家事实上是专制政体极为明显的例证。”

不过从广义上讲，“民主”的不同用法中具有实际效用的并
没有那么多。所谓具有实际效用，意思是在民主被视为一套价 2
值观念和被视为一套制度安排之间存在某种一致性。同时考察被称为民主的价值观和制度的历史，就能无比清晰地看出这一点。

之所以在一开始采取历史方法，有两个原因。第一个原因，要理解任何人类制度，必须先对此前发生的事有所了解，了解为何要创建它们，它们又是如何演变的。即使是崇尚革命的马克思也说过，为了改造世界，必须先认识世界（即便他对于改造可能达到的程度，当然也包括所涉及的时间尺度，有些理想主义甚至是明显错误的）。第二个原因本身就是历史的。当民主先是与美国革命，随后又与法国革命一起进入现代政治和社会时，这些事件的领导人回顾了在他们看来堪称先例的希腊民主和罗马民主。在绘画和雕塑中，他们身穿古典时代的托加袍，戴着桂冠；在确立深思熟虑的原则、撰写反对皇室政府和压迫的小册子时，他们用的是希腊和罗马的笔名（既是在发出挑衅又是为了自我保护）。所采用的特定笔名告诉了读者他们的立场：“布鲁图斯”可能会比怀着立宪思想的“西塞罗”更赞成采取直接行动。数个世纪以来，关于希腊城邦（公民国家）与共和时代的罗马的记忆，一直萦绕在西方人的脑海中，对一些人来说是真正的恐惧，对其他人则是不确定的希望。以往做过的事，可以再做一

图1　德拉克洛瓦的《自由引导人民》

次。总是有必要记住的是，我们正在考察的这个词，在大部分人类历史上的大多数社会中都没有任何意义；现代世界的多数政府都认为有必要自封为民主，其中有许多却触及或越过了历史上这个词所有主要用法的外限。

我乐于接受写作本书带来的挑战，毕竟简短地书写，并且尽量简化而不扭曲一个无比重要又极为复杂的主题，要比长篇大 3
论更为艰难。因此，这里要作一个双重提醒。在正文中，三个不同的故事（或叙述）不得不齐头并进，我会在最后小心地加以理顺，并让它们彼此关联起来。民主可以是政制的原则或学说；民主可以作为一套制度安排或宪政手段；民主也可以作为一种行为类型（比如说，既与惯于服从又与不善交游相对）。它们并不总是一起出现。例如，票选领导人是一种民主手段；但是在高度专制的教会中，许多中世纪的修士选举出了本修道院院长。如果酋长在战役中死亡，维京人的战团将选出新的首领，而霍拉肖告诉我们，哈姆雷特临终前想投票支持福丁布拉斯当丹麦的国王（“不是我们在英格兰怎么做”，而是伊丽莎白时代的听众显然听说过选举君主制这样的怪事——不需要节目说明或喜剧歌队来告诉他们）。第二个提醒是，直到最近，民主含义的历史一直与“共和国”以及“共和国的”含义难分难解。

罗马共和主义传统在16世纪和17世纪得到了复兴（马基雅维里在《李维史论》中大力倡导并详细剖析），并且在美国革命和法国革命中成为鼓舞人心的观念。按大多数人对民主的理解，这种传统并不“民主”，因为它坚决否认每个人都适合投票，并给出了一些很好的理由；但从某些意义上来说，它比今天的许多人能够坦然接受的都要民主，因为它强调所有公民都有

义务积极参与公共生活和国家事务（学者们称之为“公民共和主义”）。今天，我们倾向于认为，只要愿意我们都有权利这样做，如果不愿意，偶尔也可以不这样做，国家会提供法律来保护我们的个人自由（学者们称之为“自由主义”）。但是，正如我们将会看到的，把这种“下滑”（或者说是一种广泛的信心，即我们可以把这一切全部交给别人）仅仅归因于20世纪后期的消费社会，即撒切尔主义，或者归因于对市场经济的奉若神明是错误的。
5 其根源要更为深入，关系到“民主”和“自由”两词及其相关实践的含混之处的本质。邦雅曼·贡斯当于1819年在《古代人的自由与现代人的自由》一文中写道：

> 古代人的目的是在同一个祖国的公民之间分享社会权力，这就是他们所说的自由。现代人的目的是享受私人欢愉中的自由；他们把自由称为由公共机构为这些欢愉所作的保证。

这种矛盾以现代外衣修饰后便是我的结论，不过我还是希望有一个足够欢喜的结局，让我们两种自由都能享受到，但前提是我们必须研究两种自由作为独立的实体如何能够共存，而不是融
6 合——经由花言巧语融合，从而危险地混为一谈。

第一章

言词与行为

“太初有**言**。”

为何现在我已动弹不得。我必须改变：如何做到？

…………

魔鬼说话了！我知道它必定是如何读的

并醒目地写道：“太初有**为**。”

（歌德《浮士德》）

“民主”这个词翻译起来没什么困难。它是从希腊语中几乎完好无损地进入各种主要语言的。由于误译《约翰福音》伟大的第一行造成的戏剧性提示，魔鬼靡菲斯特无疑使浮士德摊上了真正的麻烦。[1] 哦，真是悲剧，一味追求新奇，而不是坚守有益的古老真理！但是，一贯神圣的“民主”一词会引起足够的麻烦，因为它在被翻译进不同的文化中时，对所有人来说都可以表

① 《约翰福音》中的译法是“太初有道”。——译注，下同

示任何含义，并且它的丝线能够出于不同的目的而随意编织。

鉴于有些读者或许仍然希望民主有一个核心的意义或明确的定义，我还是立即说明这一点吧。语言和社会组织都不是这样的。已故的S. E. 芬纳于1962年写了一本书，名为《马背上的人》（*The Man on Horseback*）。他列出了几位大军事独裁者“用
7 来文饰政权”的六个官方名目：

纳赛尔：总统民主
阿尤布汗：基本民主
苏加诺：受引导的民主
佛朗哥：有机民主
斯特罗斯纳：选择性民主
特鲁希略：新民主

嘲笑这种狡猾的机会主义谁都会，但我想说的是，一般来说虽然其中三个近于纯粹的专制，几乎完全依靠暴力和恐惧，另外三个却至少受到多数国民的普遍欢迎。

而芬纳所写的还只是军事政权。苏联及其同盟国或傀儡国家都极为认真又自豪地自称为“人民民主国家”。他们认为，工人阶级应该得到解放，在革命过渡时期统治其他阶级，直到实现无阶级的社会，由人民来统治，即民主。无论实际执政的精英对于异见如何不加容忍，无论他们如何垄断和滥用权力，他们是通过大众的力量和不满而起家的，并且最终要依靠大众的支持，正如苏联帝国的失败所愉快证明的——“愉快”的意思是说，如果你不仅关心以多数同意表现的民主，而且关心自由和人权的话；

或者，如果你自鸣得意地相信自由和民主是不可分离的双胞胎的话。它们应该是，但现实中不是。

当然，所有人都可以嘲讽军事政权和其他政权对“民主”的歪曲，毕竟大多数人都确信自己生活在民主国家，并用这个词来表示几乎所有想要的东西——“一切鲜亮而美好的东西”：民主作为公民理想，作为代表制度，作为生活方式。若要对这个词进行定义，许多人会回答“多数人统治”；如果受到质疑，比如在苏格拉底式对话或研讨会上，他们又会稍微调整一下，更务实地说是“多数人同意”。但是，很少有人甚至想要在任何情况下都把 8
民主等同于正义或权利。比如，以死刑问题为例。由于各种原因，英国政客们无视支持死刑的舆论。如果说我们是民主国家，那也是一个议会制民主国家。从多数主义观点来看，美国政治家要“民主”得多。所以，某个社会或政府体系要称得上“真正”民主，还需要一些限定条件。

有人说民主实际上意味着自由，甚至意味着自由主义或个人主义：法律必须保护（民主的）个人不受（民主的）国家侵害。托克维尔部分地误读了19世纪早期的美国，认为民主几乎是平等的代名词；在畅销书《胜利的民主》（*Triumphant Democracy*）中，安德鲁·卡内基则用它来赞颂高度流动的自由企业和财富悬殊的市场社会，认为一切都无可厚非，那是从进化铁律造就的天赋中来的。1930年代，欧内斯特·贝文曾在一次工会会议上说，少数派在投票后继续对多数派的决定提出质疑是不民主的；他的一个兄弟咄咄逼人，同样真诚又令人困惑地回复他：民主意味着他可以说出自己喜欢什么、如何喜欢、何时喜欢，即使有违运输和普通工人联合会中的多数意见——该联合会在当时很有话语权。或者说，民主可以被看作一种政治制度，甚至把自由选举出的（因而是民主的）政府也置于宪政约束之下（最受青睐的用法，但是在历史上不可信，往往只是纯粹的修辞）。与“宪政民主”相对的，是“人民主权”或“公意”的观念，它们高于由法学家解释的形式上的宪法约束。对于某些人来说，民主只不过是“一（男）人一票”（当然，现在也包括女人）；在此基础上，其他人还要满怀希望地加上“基于真实选择”。广义而言，民主涵盖这些用法中的大多数，可以被看作一套能够接受的制度的配
9 方，或者看作一种“生活方式”，在此方式下“民主精神”至少变得与制度的特殊性一样重要。因为有些人认为，这种生活方式的标志实际上在于行为而不在于言词：人们在交友、说话、穿衣和娱乐方面民主地行事，在对待其他所有人时就**好像**他们是平等的。

我们过去常听到善意的自由主义者说：“至少，共产主义者自称是民主的。”麻烦在于，他们的民主是在一种合理的历史意义上说的，那时多数人同意以一种总体上得人心的方式被统治，与旧式专制政体不同，这种类型的政权需要动员大众并激发他们的热情。这些政权不再受农民社会中权力精英那古老而近于普遍的公理的约束，“不自寻麻烦”。正如在丁尼生的诗中，那个农民说在硬币的另一面，“人们来来往往，而我永在台上”。现代专制政体和伟人们对民众提出了新的要求，并且需要获得他们的同意，无论是自然的还是诱导的。

所以我们不能直接得出结论，说存在着“真正的民主”，由表现为代议制政府、政治正义、平等、自由和人权的善治天然混合而成。因为，除非在组合时加以细致测量和监控，这些挥发

性成分会不时地反复无常。“善治”或“社会正义”是否明确是民主的，哪怕是在最严谨的自由主义意义上？可能不是。托克维尔于1830年代写到了民主的必然来临，但是也提醒人们警惕“多数人暴政的危险”。呃，或许他关心自由甚于民主。但是，就连托马斯·杰斐逊也在晚年说过：“选举选出专制并不是我们奋力以求的目标。”在美国最高法院长期捍卫公民自由的奥利弗·温德尔·霍姆斯曾嘲讽道：“民主正是群氓所想要的。”约翰·斯图尔特·密尔，《论自由》和《代议制政府》两部伟大当代著作的作者，后来认为**每个**成年人（是的，也包括女性）都应该有选举权，但前提是接受了中等义务教育并有时间消化教育内 10
容。今天，美国和英国的政治变得越来越民粹化，即诉诸舆论，而不是诉诸连贯政策的合理概念。政治领导人会高声叫喊“教育、教育、教育”，但是由于他们操纵媒体、语出惊人且口号煽情，而不是合乎逻辑地公开辩论，密尔想必很难承认他们受过民主的教育。我们的媒体现在则将公众碰巧感兴趣的东西，与“公共利益”的那些旧观念加以混淆或虚假地混为一谈。

“民主”可能是一个混杂的、往往纯粹是修辞性的词语，无疑并非一种在任何情况下都能涵盖或压倒一切其他价值的单一价值，但我并不是说我们生活在“疯狂茶会”的世界里，在那里词语“就是我说的意思”。限制是存在的，但这些限制是要回溯历史，从“民主”所附着的四个宽泛用法或一组意义中来寻找。对此我们必须简要地加以考察，因为它们位于人类文明的源头，并有望继续保持着文明，甚至可能（如19世纪所希望的那样）取得进步。考察它们时，必须意识到我们是在谈论一种理想或学说、一种对待他人的行为方式，还是某些制度安排和法律安排。民主所指的可以是所有这些的整体，也可以单指其中的每一个。

第一种用法是在希腊人当中发现的，在柏拉图对民主的攻击和亚里士多德所作的出色辩护中：在希腊语中，民主（democracy）就是*demos*（暴民，多人）加*kratos*，即统治。柏拉图斥之为穷人和无知者对有文化的人和知识渊博者的统治。他所作的关键区分在知识和舆论之间：民主纯粹是舆论的统治，更确切地说，是舆论的无政府状态。对于这个观点，亚里士多德没有完全驳斥，而是进行了修正：善治是各种元素的混合体，由少数人经过多数人的同意而统治。少数人应该拥有*arete*，即卓越
11 品质，那是理想化的贵族观念。但还有更多的人是凭借一定程度的教育和一定数量的财产（他认为这两者都是公民资格的必要条件）获得公民资格的。然而，民主作为一种不受经验和知识这两项贵族原则限定的学说或理想，是一种谬论，即相信“由于人在一些方面平等，他们便处处平等”。

第二种用法出现于罗马共和国、马基雅维里伟大的《李维史论》、17世纪英国和荷兰的共和主义者，以及成立初期的美利坚共和国：和亚里士多德的理论一样，认为善治是混合政府，但民主的平民元素实际上可以为国家赋予更大的力量。用善法来保护所有人还不足够好，除非臣民变成积极的公民，集体制定属于自己的法律。这个论点既是道德方面的，又有审慎的一面。其道德主张更为人所知：罗马异教和后来的新教有一种共同的观点，认为人作为活跃的个体，生成和决定着事务，而不仅仅是传统秩序的接受者，守法又乖巧，也不是传统秩序的附庸。但审慎的主张总是存在的：受人民信任的国家更为强大；公民军队或民兵比雇佣军或谨小慎微的职业士兵更有动力保卫自己的家园。

第三种用法出现在法国大革命的修辞和事件，以及让–雅克·卢梭的著作中。每一个人，无论教育程度或财产状况如何，都有权在公共事务上让自己的意愿为人所知；事实上，任何善良、单纯、无私、自然的普通人，从自己的经验和良知出发，都比受到过多教育、生活在上流社会远离自然状态中的人，能更好地理解公意或共同利益。现在，这种观点可能与阶级或民族的解放大有关联，无论是从压迫、无知还是从迷信中解放出来，但它不一定与个人自由有关联或相一致。（记住，在欧洲的18世纪和19世纪，大多数关心自由的人根本不自称民主派，而是自称宪政 12
派或公民共和派，按英美人的说法即辉格党。）

民主的第四种用法出现在美国宪法、19世纪欧洲的许多新宪法以及第二次世界大战后西德和日本的新宪法中，也出现在约翰·斯图尔特·密尔和亚历克西·德·托克维尔的著作中：只要关心（关心是应该的），所有人都可以参与进来，但是必须在限定、保护和约束这些权利的调节性法律秩序中，彼此尊重同胞的平等权利。这就是今天美国、欧洲、英联邦和日本等地大多数人通常所说的民主，我们不妨称之为“现代民主”，在理想状态中，它是人民权力观念和受到法律保障的个人权利观念的融合（不过，在很多情况下其实是混淆）。两者确实应该结合起来，但它们是不同的观念，到头来有可能在实践中相互矛盾。有可能存在不容异议的民主国家和相当宽容的专制国家，事实上也的确存在着。在以工业、大众特许经营和大众传播为特征的现代时期，我们会发现，很难把自由与平民权力结合起来。

民主和政治（*political*）统治，以及后来出现的通过公民之间的政治辩论来进行治理的传统，发端于希腊城邦（*polis*）和古代罗马共和国的实践和思想。如此看待“民主”的历史以及现实中的各种变化用法，并不是目光短浅的欧洲中心论，或者更确切地说，希腊–罗马中心论。历史事实就是如此。伟大的帝国（在任何用“欧洲”指称的陆块区域或地理心态之外首先兴起的大规模国家形态）和普世的一神论宗教出现于中东和亚洲，现代科学和民主的各种观念和实践则是在欧洲首先出现的。无疑，科学、宗教和民主在传播过程中都会采取不同的形态，既影响着
13 不同的历史文化，又反过来受到它们的影响。

第二章

启程处

我们不会停止探索，
所有探索结束的地方
将在到达启程处的时候，
并且是生平头一次知道这个地方。

（T. S. 艾略特，《小吉丁》）

现在回到“民主”这个词上来。《牛津古典词典》告诉我们，这个词首先出现在公元前5世纪与前4世纪之交，彼时雅典的多次叛乱已经推翻了一个僭主王朝。这个词的意思是*Demokratia*，即人民（*demos*）的统治（*kratos*）。“僭主制”（Tyranny）本来仅指一人统治，他不一定是当代意义上的压迫者，通常是王位的篡夺者；个体的僭主可能是好的，也可能是坏的，或者没有那么坏。尽管如此，僭主还是被城邦中为数众多的居民所推翻，后者已经开始认为自己是国家的公民（*polites*），即拥有合法权利，包括有权发言，有权在事关政体（*politeia*）共同利益的事务上被听取意见，成为商讨对象。在《安提戈涅》中，当安提戈涅的表兄海蒙为她能够得到赦免、保全性命而与统治者克瑞翁争辩时，索福克勒斯写出了这个过渡时期的紧张状态。她做了什么？每个小学生曾经都知晓。她违抗克瑞翁的命令，也违反叛徒的尸体应该
14 曝露给秃鹫和狼群、不能按惯常仪式体面收葬的法律，埋葬了身为反叛者的哥哥波吕涅克斯的尸体。

克瑞翁：这么说她没有违法？

海　蒙：你的同胞不会把这项罪名加给男人。

克瑞翁：城邦想要教我如何统治？

海　蒙：哦，这是谁啊，现在说话像个孩子？

克瑞翁：除了我，难道还有谁能在这个城邦发号施令？

海　蒙：如果只听命于一人，就不是城邦。

克瑞翁：但是按照惯例，支配权属于统治者。

海　蒙：你独治一片荒原会很出色。

我们仍然在使用城邦的语言，事实上几乎所有的政治词汇，包括古代和现代的，都出自希腊或罗马：独裁、暴政、专制、政治和政体、共和国、参议院、城市和公民、代表，等等；几乎是全部，只有一个例外，一个只属于现代的可怕发明，既是词语也是行为企图，即“极权主义”。在工业时代之前，这是一个不为人知也无法想象的概念，若不是民主作为多数人的权力而得到发明和传播，这个概念本来也不可能产生。专制君主和暴君主要依赖于被动的人群；他们不需要集体动员，况且让农民集体放弃土地耕种既不容易也不实际，即使放弃，农民在战争中也没有多少用

武之地。拿破仑后来说："未来的政治将是动员民众的艺术。"只有工业化和现代民族主义才创造了这种必要性和可能性。

民主：挑起战端的词

如果说对我们来说"民主"几乎总是"好事"，即便有时对所有人来说都有点模糊，那么对希腊人来说，它从一开始却是一个划分派别、挑起战端的词，把人按治理学说和社会阶层区分开来。
贵族派别发起过反政变，来对抗治理国家的民主方式，这些派别 15
的鼓动者和同情者数个世纪以来都没有把*demos*视为表示敬意的"人民"（如数个世纪后的贵族查尔斯·詹姆斯·福克斯将在法国大革命初期举杯祝酒："献给我们的主人，人民"），而是视其为**暴民**，即无知而报复心强的群众，那些一贫如洗、受不起教育，因而不适于参加公共辩论、担任公共职务的穷人；以及那些太容易随煽动者摇摆，被对方拿空洞的许诺换得权力的人。柏拉图在他的对话集中用恶语公开指责民主是让舆论统治着知识；只有那些对事物的本质有哲学认识的人才适合统治——如果我们从字面上解读柏拉图（是否应该如此解读还有待商榷），那么除了在僭主或国王那里，这种观点基本上不受待见。总体来说，柏拉图向往的是品质卓越和个人完善这类理想化的贵族美德。

民主的根本理想是自由（*eleutheria*）。这种自由既是参与决策的政治自由——实际上几乎是义务，又是在一定程度上按自己的意愿生活的个人自由。最重要的自由是在公众集会上为公共利益发声的自由，以及在家庭隐私状态或讨论会（*symposia*），即男性的社会讨论俱乐部中自主发言和思考的自由。平等受到推崇，但那是法律和政治上的平等，绝不是经济平等（除了在一些讽刺戏剧和喜剧的狂想中，甚至是女性集会上女性之间的平等）。此外，还有城市本身免受外部征服的集体自由。作为整体的希腊人以身为自由人（*eleutheroi*）而自豪。他们不仅作为集体是自由的（实现这种自由经历了一些困难，最明显的是来自波斯诸帝王的支配），而且认为自己作为个体在道德方面优于他们所谓的野蛮人（*barbaroi*），原因就在于，野蛮的波斯人无论多么见多识广，都不享有自由的政治和民主。这是一种文化差别，而不
16 是种族差别，是自由人的文化与专制主义臣民的对立。

贵族统治的难处和弊端都很多。主张在治理活动中由明智而经验丰富的人来统治，存在明显的缺陷。亚里士多德在演讲集《政治学》以及关于政体的研究中指出，贵族制作为一种理想，太容易要么沦为寡头制，即权势者的统治，要么沦为富豪制，

图2　在英国发现的女神密涅瓦的头部。密涅瓦是雅典城邦的守护神和庇护者帕拉斯·雅典娜在罗马的化身

即富人的统治。然而，政治和良好的治理活动都需要技巧和智慧。最好的答案就是找到某种中间道路：少数人经由多数人的同意进行统治，即“轮流统治和被统治”。无论如何，少数人的统治总是需要安抚多数人，尤其是为了国防和战事。用雅典人的话来说，要有人为三列桨大战船划桨，并且既乐意又纯熟；郁郁寡欢的奴隶或趋炎附势的雇佣军无法胜任这项工作，它属于捍卫**自己的**城市，或者积极扩张城市力量的自愿公民。 17

民主的两张面孔

不过，民主制度也有属于自己的困难，即使雅典人将民主拟人化为女神，并把她与庇护者和守护神雅典娜处处放在一起献祭。让所有有发言权和投票权的人（数以万计，虽然在一座城市的实际居民中总是少数——妇女、青年、外邦人和家奴总是在数量上占优势）都加入进来，则意味着冗长的数字、无尽的会议以及公职的频繁轮换。我们现在称之为“直接民主”，与之相对的是当代的“代议制民主”，此时大多数人所要做的不过是选举代表，其时间间隔在希腊人看来漫长得有些危险。希腊人的社会就是所谓的“面对面社会”。事实上他们认为，除非在相对较小的城邦中、每个人都熟知事态的情况下，民主是不可能实现的。亚里士多德甚至说，城市不应该大于“传令官（*stentor*）声音所及的距离，这样传令官或公告员的声音就能从城市的一边传到另一边；也不能大得让每个公民无法知道所有其他人的性格”。（今天，我们通过电视来了解庞大社会中的其他人。）亚里士多德可能认为，即使是雅典在爱琴海一带培植的由更小城市组成的小帝国，也是导致他们失败的原因。

然而，民主的理想是清晰的，对这种理想的一次伟大陈述历经数个时代流传了下来，久久回荡，此即伯里克利演说。伯里克利在演说中向雅典同胞赞颂他们的民主，由修昔底德在《伯罗奔尼撒战争史》中记述下来。曾经有一段时间，在整个欧洲和美国，连同在南美洲和中美洲新成立的共和国中，每个小学生都至少知道其中的段落。对经典作品的研究很少是政治中立的，往往也绝不是反动的。

任何人，只要在他自己的身上有能为国家所用的东西，
18 就不会因为贫穷而在政治上默默无闻。一如我们的政治生活自由而开放，在人与人彼此的关联中，我们的日常生活也是如此。如果邻居以自己的方式自得其乐，我们便不会与他关系紧张，也不会对他怒目而视，这样的注视虽然不会带来真正的坏处，却会伤害人的感情。我们在私生活中自由而宽容，在公共事务上却谨守法律。原因在于，它要求着我们内心深处的敬意……在这里，每个人不仅对个人私事怀有兴趣，也将国家的事务放在心上：即使是那些大部分时间都在忙于自身事务的人，对于一般政治也极为了解——当代的一个怪异之处在于，我们不说一个对政治毫无兴趣的人会把自己的事放在心上，而是说他在这里毫不相干。而我们雅典人，亲力亲为，对政策做出决定或提交给适当的讨论：我们不认为言词与行为互不相容，最糟糕的事情是在对后果未作恰当讨论之前，便贸然采取行动……

是的，的确，“只要在**他自己**的身上有”。对妇女之平等地位

和奴隶制之极度不公的坚定而有效的信念，又用了两千年甚至更久的时间才被广泛接受，而且还不是普遍接受；但是，解放要求的是在现有民主（尽管语义含糊）中拥有平等权利，不需要改造或拒绝民主；实际上，19和20世纪的改革者，无论男女，都使用了民主的论据。不过，请注意两点。的确，“我们谨守法律”。不言而喻的是，漠视秩序的人没有自由。但是古希腊人的“法律”观念对我们来说似乎很陌生，实际的含义他们自己有时也弄不清楚。正如伯里克利的演说可能暗示的，他们认为，公开的公共讨论和辩论之后所给出的同意无法带来对法律的服从。毕竟，最重要的或者说基本的法律是城邦本身的传统，往往归于奠定传统的神话人物，并在城邦守护神的传说中被人格化。这些正好构成了城邦的身份。主张改变这些法律会被视为可怕的罪
行，几乎就是在提倡从身份、历史和神圣性方面集体自杀。当 19
然，城邦管理的法律或规定必须经过公开辩论才能通过，为了城市的存续和福祉及其基本法律的缘故，也可以加以改变。埃德蒙·伯克从现代眼光来看是保守的传统主义者，他在1780年代有过一句名言：“为了保存，必须改革。”这句话点出了同样的差别，尽管其界限本身一直没有定论、一直可以争论，且往往含糊不清。但是，难道我们不是焦虑地、往往也是难有定论地在讨论，是否应该把民主权利赋予那些威胁民主的人？通常的答案是试图再次区分言词与行为。言词可能煽动人心、满怀仇恨，而某些暴力行为虽然让人不快，却主要是象征性的；例如示威活动，虽然具有一时的破坏性，却不足以威胁一般的法律和秩序，或者像古代城邦的人们那样颠覆政权。就语言来说，一如在老地图上，即使没有精确绘制边界藩篱，边境也是足够真实的。

然而，关于坦诚又务实的伯里克利演说必须承认的是，如历史学家们告诉我们的，伯里克利属于一种民主的独裁者。希腊人对此有一个称谓，即煽动家（demagogue）。不妨考虑一下，为了激发人们支持自己，这位精明的政治家和机敏的煽动者认为有哪些话不得不说。伯里克利为这些人呈现了一幅关于他们自己的理想图景。他利用了雅典平民的心态，这种心态是民主的，必须在这些方面加以引导或误导。

民主与政体

然而，修昔底德的另一个故事讲述的却是不受控的民主和无节制的阶级战争，他含蓄地把雅典在雅典与斯巴达及双方的盟友、殖民地和傀儡国之间旷日持久的战争中的溃败归因于此：“那时革命在一座座城邦接连爆发”，“狂热成为真男人的标志”，
20 城邦之间和城邦内部甚至家庭内部的血腥复仇成为一时的风尚。“由于这些革命，整个希腊世界出现了品格的普遍堕落。以简单方式看待事物本来深刻地标志着高贵的本性，现在却被视为荒谬的品质，很快就不复存在了。”他对克基拉岛的骚乱和屠杀的描述，后来几乎与伯里克利的演说一样广为人知。“我们那高贵的祖先”读的是经典作品，知道民主会以这样或那样的方式产生吸引力。我们也很容易想到，如果民主的吸引力产生于暴力复仇这条路上，它就不可能“民主”，或者我们召唤的不是女神，而是一个形容词，比如“真正的”民主。

所以，我很遗憾地告诉美国许多大学教科书的作者，亚里士多德不能作为“民主政治思想之父”来援引。他意识到了无节制的民主带来的种种困难。他看到了三种基本的政体形式，

每种形式都有理想型的和腐败型的。君主制是单个人的统治，君主必须完全公正，否则这种统治就会堕落成暴政（在希腊的本体论中，完全正义的人只能是神，所以非常可疑的是，亚里士多德竟会认为这是可能的）。贵族制字面意思是由最优秀的人来统治，但往往堕落为寡头制（少数人统治）或富豪制（富人统治）。民主制意味着许多人的统治，但往往堕落成无政府状态。如果统治者得到人民的信任，如果能够通过自由的公开辩论让人民追随、最好是他们就从人民中产生，那么国家就会无比强大。但是，国家需要受过教育的精英，他们拥有的不是柏拉图想象的绝对知识，而是一种融合了教育和经验的实践智慧。所以，民主是善治的核心要素，但它本身未必能带来善治；也不是绝无可能，但极为困难。在亚里士多德看来，民主原则就其本身来说是虚妄的，这种原则“相信由于人在某些方面平等，所以处处平等”。如果现实中只能在贵族寡头制和民主之间选择，那么他青睐民主。不过，在城邦中具有影响力的贵族因素 21
的优势在于，拥有适度的财产便有闲暇，有了闲暇便能接受教育、追求知识，而如同科学和商业需要知识，治理活动也需要知识。托马斯·霍布斯一度呼应亚里士多德，声称“闲暇是哲学之母”。

所以亚里士多德教导说，把贵族在知识上的美德与民主的力量和舆情融合在一起，能产生有可能实现的最好国家。如果需要取一个名字（如果很难客观地确定某项政体是贵族制还是民主制，国家就很可能是健全的、公正的、良好的），那就是理想国（*politeia*），一种城邦或政体：一个以政治方式而不是专制方式决策的国家。但是，一个政体必须尊重现实国家中所有人，而不仅仅是民主的多数的利益。亚里士多德说，在对话录《理想国》中，他的老师柏拉图犯了一个错误，试图把城邦里的一切都统为一体；现实是，“存在某个点，在这一点上迈向一致的城邦将不再是城邦……这就好像你要把和谐变成纯粹的一致，或者把一个主旋律归结为单一的节拍。事实是，城邦是许多成员的集合”。

因此，尽管民主是希腊政治生活，也即自由人（与野蛮人恰成对照的自由人）的生活中极其重要和独特的因素，它仍然只是后来学者们所称的“混合政体”，或者罗马人所称的*via media*（共和政体的中庸之道）的元素之一；它是部分而不是整体，在日常生活伦理和政治生活中都是如此。正如我们将要看到的，近至20世纪初，英美两国的政治家和政客们才能辩论其政制和政治体系中的民主因素是太多还是太少。若把整个制度称为“民主”，会被视为要么是不切实际的极端主义，要么是彻头彻尾的误导。有些人可能仍然会同意这一点，即便是出于不同的原因。亚里士多德说：“我们发现梭伦［雅典法律的传奇创立者］
22 赋予人民两项一般性职责，即选举司法行政官（magistrate）任职以及在任期结束时加以问责，但没有赋予他们以个人身份直接担任职务的权利”——这一界限在他的时代已经不再持守了。现在看来相当奇怪的是，他还说选举任职是一项贵族式或寡头式的政制手段，因为人民投票支持的要么是最优秀的人，要么是最富有和最有权势的人，而民主制是以抽签的方式遴选国家官员。奇怪吗？现代国家的民主选举权很少能避免一种局面，即产生一个由掌权者构成的政治精英群体。当选的成员之所以当选，不是因为他们必然属于人民，而是出于更为世俗的原因，即他们想要当选，能在晚上参加很多的政党会议和社会活动；在某些国家，与金钱开道和提携庇护相比，甚至连这一点也算是理想的图景了。也许现代民主国家所能希望的最好局面不是避免产生政治精英，而是如约瑟夫·熊彼特在《资本主义、社会主义和民主》（1942）中所指出的，避免“精英的轮流坐庄”。我们难道不认为，通过抽签而不是选举、任命、申请或考试的方式来遴选陪审团要更为公正？

无论我们如何解析民主的起源（及其含糊之处），如果没有公民阶层对公共事务的极度投入，在缺少官僚机构又要不断进行职务流转、不是屈从于内部崩溃而是实际上被罗马的军事征服压垮的情况下，希腊的城邦政体不可能延续那么长时间。希腊人相信公民身份是生而为人最为崇高的目标，而所谓不朽，就是因服务于城邦而被铭记。不朽的诸神已经创立了城邦，在危难之际保存了这些城邦或者创立了新城邦的凡人，在死后加入诸神之列，变成了半神半人。希腊人认为，人与神之间在实质上没有什么绝对的或本体的差别是无法通过为国家服务来弥合的。个人在道德上的最高美德是卓越（*arete*），一种思想和行动的混合，不能少了其中任何一样。荷马把卓越赋予阿喀琉斯，让 23
他作为“行动者和言说者”，因为他以人兽参半，因而半怀理性、半怀强制力量的怪物卡戎为师。在此看不到现代观念的踪迹，即所有人都有内在的权利：权利只能通过做一个积极的公民才能获得，无疑不同于坐享其成的现代消费者式的民主。然而，对于那些没有赢得公民身份，或者像女人一样被视为无力承担公民义务的人来说，这又是残酷的。

对政治生活的本质、目标、道德和界限最深刻的思考来自希腊。但是，正如人们曾经说过的，当“我们那些高贵的先人”，包括17世纪中叶的英国议员、苏格兰的神圣盟约派、荷兰人、美国人以及法国共和派，当他们声称政体不一定非要是独裁制或君主制并且实际推翻了这样的政体，再往后回溯、证明可能存在更好的政体形式时，是回到罗马而不是希腊。他们称这些形式和原则为“共和”。希腊民主作为范例在理论上看起来比实践中要好得多。民主的敌人们也可以在修昔底德等人所描绘的流血杀戮和无政府状态，而不是在亚里士多德的温和说理中找到动人的故事；亚里士多德发现在一个政体中，民主因素是正义和善治的必要条件，却不是充分条件。

罗马共和主义

早期罗马城的居民也把自己看作由人和诸神构成的神圣社群，诸神秉持着相当程度的干涉主义态度。由于某种原因，诸神帮罗马居民除去国王，让他们成为公民。罗马人也讲求属于自己的“卓越”，他们称为德性（*virtus*），如果翻译成现代道德意义上的“美德”就会误导人们：这是一种特定的德行或要素，公民要想去做保存、扩张和荣耀国家所必需的任何事，都要拥有它。
24 无疑，相比于“美德”，它更接近于“勇气”；它无疑来自拉丁语中用来形容男性的*vir*，相当于我们所说的男子气，而不是具有美德。几乎单从定义上来说，女性就外在于政体，即现在人们眼中的共和国（*res-publica*），公共所有的东西。当然，在当时“共和的”意味着绝对不会再有国王，但也意味着把各个阶级统合在一起的政制信念。在共和国早期的不同时段都有过阶级之间的战争，但从来没有像在希腊那样，长期被普遍视为民主制与贵族制之争，就好像它们是可能的、绝对的选项；相反，它们关乎议员阶级和平民（*populus*）之间在共和国中的权力平衡。作为一个军事国家，他们实现了相互依赖；这个国家先是遭到威胁，随后又日益威胁他人，不断地征服和扩张、成为帝国，即一种文化统治其他文化。军事技术与公民身份密切相关。罗马人研制出的高度复杂的战术和调度，不仅要求严格的集体纪律，还要具有高超的个人技术。贵族是与兵士并肩作战的军官，而不是脱离众人、坐在马背上的高等人；普通士兵都是匠人，而不像装备落后的农民那样，仰仗着人多势众。很难说哪一个是因，哪一个是果：对于武装平民，或者是不得已而为之，或者是由于他们值得信任。贵族必须至少在那种程度上保持平民特征。军队和罗马本身的城市暴民，都要被整合到政治共同体之中。与迦太基之间漫长而绝望的战争最终巩固了这一联盟，并且在罗马人与希腊学者开始书写历史时，让罗马人把以下这一点视为自身力量的关键因素：“混合政体”，既不是纯粹的贵族制，也不是纯粹的民主制。波里比阿把罗马政制描述为“元老院动议，平民议决，司法行政官执法”。

然而，这种做法是共和主义爱国热情与苛刻又往往残忍的贵族现实主义的有效混合，一如简洁申明于军团徽章，并铭记于所有军事补给上的文字：“SPQR”（*Senatus Populusque Romanus*），
即元老院和罗马人民；该联盟是他们支配邻国的权力基础。这 25
让他们感到恐惧，认为外部干预无法将贵族与平民区分开（尽管有科利奥兰纳斯的故事），正如希腊内战在很大程度上表明的。西塞罗在他的名言“权力属于人民，权威属于元老院”（*potestas in populo,auctoritas in senatu*）中，以官方口吻过滤了其中的不

图3 19世纪画像，哈德良长城上的一位百夫长。立柱上的字母“SPQR”意为“元老院和罗马人民”

当内容，使其成为宪法的一种准则；他说，这样的准则将确保实现温和、和谐的制度。不过，他一定也知道，这是在法律上以漂亮、委婉的方式陈述一种同时也很冷酷的政治谨慎的现实原则。元老院以及独霸元老院的贵族阶级，其权威的来源在于，他们从未忘记，权力归根结底属于罗马城的人民。人民无法集体统治，却可能把政府推倒。遵奉这条基本准则的主要政制手段，是设立护民官（tribune），即由平民选出的司法行政官。在共和国早期，他们的权威来自与人民在一种民主集会，即平民会议（*concilium*）中的实际会面，但后来集会不再按时举行，最终完全停止了；毫无例外，由人民选出的护民官必须出自元老院的阶级。不过，护民官有否决权。人们认识到，除非带上人民一道，元老院的任何命令从政制上来讲都不合乎体统，**在现实中也不可能有效**。于是，那些想要当选护民官的贵族，就必须成为煽动家，或者能够扮演煽动者的角色。他们的权力通常仅限于单独的一年任期，但如果没有人愿意冒险质疑，这条规则有时会被放到一边。

执政官（consul）是任期一年的官员，不过在此期间，他们可以运用元老院的权威，这项权威能转而在公法上限制他人，本身却没有限制：他们行使着以前那些国王拥有的最高权力（*imperium*），或者说整个国家的集体权力。公民通常受到已知的法律以及合理公正的司法制度的保护，最高权力却可以凌驾于一切之上。塔克文王朝的国王们遭到杀害或罢免后，最高权力或绝对权威并没有终止，而是由元老院和执政官代表整个 27
共同体行使，尽管有可能被护民官否决。外交政策是元老院的事，除了某几次广为人知的例外，不受平民控制。因此很宽泛地说，罗马政制更接近于18世纪英国的议会主权观念，而不是法国的人民主权观念或美国对政府的宪政约束观念。共和主义精神是城市（*civitas*）市民（*cives*）的精神。与议会尚未改革前的英国议员一样，元老院议员可能拥有大量地产；但是在元老院，他们身处这个城市及其狂暴的公民中间，有时还是字面意义上的包围。

作为一种共同的文化价值，最高权力不仅在罗马内部携带着权威兼力量（仅仅出于政治上的审慎才有所节制），也能对外部，即向他们战胜的国家或那些冒着危险寻求他们保护的国家绝对地主张权威。最高权力也是罗马人的某种自信或打不掉的傲慢，和他们的司法一样著名。大英帝国巅峰时期的某些英国人和今天的美国领导人也有相同的特征（专横权力会让人变成这样）。经济因素决定着一个社会中权力的基本分配，这种权力事实上如何运用，往往取决于极为独立的价值形式。比如，尊威（*Dignitas*）是贵族或元老院阶级最为珍视和着力培育的个人价值；但每个平民也都有属于自己的自主（*libertas*），想要积极地主张和运用。尊威这种品质把大人物从小人物中凸显出来，但小人物的自主是指自由地做法律允许的事，不受随意的干预，也不遭受除法律规定以外的伤害。双方都以同样的毅力坚守着各自的价值。李维把罗马的一位老绅士形容为“像对自己的尊威一样，留意着他人的自主”。共和国早期陶冶的神话和故事，讲述的是堪为典范的简朴风格以及不计个人代价的无私爱国精
28 神。身为罗马的拯救者，辛辛纳图斯将军解散了军团，返回田园。当时的确有这样的人，就像卸任总统的华盛顿，被誉为“美国的辛辛纳图斯”。后来，亚伯拉罕·林肯打趣地说道：“对亚

伯拉罕·林肯来说，最有用的就是做‘诚实的阿贝’。”[①]如果回归田园是表明政治观点的一种方法，那么所表明的也是一种好观点。

罗马人关于权力与同意之间关系的现实主义态度可见于独裁官（*dictator*）一职，这是罗马共和国的一个宪法职位。一人（早期实践中是两人）在紧急情况发生期间被赋予不受限制的最高权力。如果他在紧急情况结束后恋栈贪权，或为了保留权力而人为地延长紧急状态（“恺撒真的需要入侵英国吗？还是说这只是他维持军事指挥权的另一个借口？”），他事实上就被剥夺了法律的保护。如果能做到，任何人都有权杀死他。诛戮暴君是最为极端又是最大的政治美德。杀死最后一位国王的布鲁图斯，以及他那杀死第一位恺撒的后人，在共和时期的著作中受到同等的尊崇。如果诛戮暴君行为从来不可能成为抑制权力滥用的有效机制，这种观念就表明罗马人追求两种有时互不相容的价值时有多么不顾一切：一种是国家的生存，一种是个人的自由与荣誉。约翰·肯尼迪遭到暗杀的那天晚上，一个朋友哭着打电话给我：“不过伯纳德，纵然发生了这一切，我们绝不能忘记真正的暴君还是该杀的。”

因此，罗马的政体既涉及一套复杂的机制，也涉及一套最为繁复并经过合理化的价值观念，后者在学校、文学和历史上有意识地进行着教导、分析、赞美和延续，当时和此后的世代都是如此。罗马，甚至是共和时期的罗马，由于这个原因（至少有几百年）在朝向帝国转变的过程中得以保持内在的自由，是因为有一

① 阿贝是亚伯拉罕的昵称。

种方式来看待这些在古代世界具有革命性的价值。他们相信，
29 “罗马式生活”能够被外国人学习、获得和采纳。这种生活方式不取决于原有公民的民族构成，也不取决于只守护着各自城邦的诸神的祝福和保护。入籍的外国人可以带上他们的神明一起，只要双方都忠于罗马。罗马人实际上公然相信，虽然创建罗马城的是一位英雄，堪比逃离特洛伊的普里阿摩斯国王的儿子埃涅阿斯，他的继任者们笼络追随者的方式却是使这座城市成为丧失公民权的人和流亡者的避难所。阶级结构虽然僵化，对于能力而不是出身或血统的顽强推崇，却被植根于建城神话的核心，为罗马人赋予了身份认同感。

公民权脱离种族，并最终脱离地方诸神的神圣保护，将产生意义非凡的结果。罗马由此可以把公民权扩展到盟友，甚至是被征服国家得到安抚的精英身上。在罗马法中，具有优先地位的是市民法（*ius civile*），即罗马城本身的法律，但同时还有万民法（*ius gentium*），承认氏族、部落、其他民族以及帝国内其他文化的本土法律。因此，罗马人摆脱了希腊文化和价值所强加的关于政治组织规模的严格限制。忠诚不仅是因为“我们高贵的先人”，而且是为了延续和宣扬共和这一观念本身，即公民信仰。因此，罗马文化受着法律和政治的主导，甚至更甚于希腊时期。最终，这个共和国被互为对手、渴望权力的护民官或独裁官，如庞培、苏拉和尤利乌斯·恺撒等人撕成碎片。此时皇帝登场了，首先（像奥古斯都·恺撒那样）假装自己只不过是第一位司法行政官，并且遵循共和国的形式（方式是离开元老院，但又强迫或贿赂元老院）。但是，即使拿掉所有的伪装，当公元3世纪的法学家乌尔比安在《法学阶梯》（*Institutiones*）一书中确立独裁

的大原则，即“君王所好者便有法之力量”（*Quod principi placuit*
legis vigorem habet）时，他觉得还是有必要加上一句：“因为罗
马人民已将最高权力和力量赋予了他。”罗马人从未这样做过，
除非恐惧、漠然或“面包和马戏”（*panem et circenses*）等消遣活 30
动能算作对权力的拱手相让。但是，这种民主合法性的碎片又
无法舍弃，这种状况表明，它还包含着对平民权力要有所畏惧的
审慎提醒。军团可以从乡村招募，但城市里依然有人民存在。 31

第三章

共和主义与民主

算盘打得不错，
把所有的治理权，
这片土地的全部统治权
都交到一个人的手中。
一个聪明人的脑袋
或许能派上些用场：
但多位聪明人的智慧
却能有好得多的筹划。
经由他们的审慎
和睿智指引，
让他们的共同福祉
状况良好，长久留存。

（斯凯尔顿，《你为什么不去宫廷？》）

从希腊人的时代到18世纪，我们听不到任何响亮或有趣的

声音在讲到民主时，把它作为一种关于原则和制度安排的**学说**，
能够应用于实践（“我们是否有适当的制度？”），或者作为一
种**理论**，有助于解释国家的兴衰（“我们是否足够民主，还是民
主得过了头？”）。但是，如果说这个词或者失传了，或者运用
起来太可怕——即使是最初在共和主义者那里的用法，那么我
们确实听到了有关罗马式共和国的一些内容，以及亚里士多德
关于政治统治优先性之主张的强烈回声。必须记住这一点。民
主国家有可能对个人和少数群体专横行事，但是如果以政治方 32
式行事则不会如此，此种行动即试图调和一个国家内所有主要
的利益群体。政治统治至少是公正和稳定的民主政权的先决
条件。

政治统治

乍看之下，这个观点是在一些不大可能的地方意外发现的。英国王座法院的一位首席大法官曾卷入玫瑰战争，为威尔士亲王撰写了手稿《论英格兰王国的治理》（*On the Governance of the Kingdom of England*，虽然正式出版要等到1714年）。他在手稿中说：

> 有两种类型的王国，一种是贵族式，拉丁语叫“王治政体”（*dominium regale*），另一种在拉丁语中叫“政治与国王共治政体”（*dominium politicum et regale*）。两者的区别在于，第一种可能以君主自行制定的法律来统治人民……第二种则可能会用其他法律，比如经由一致同意的法律来统治人民。

他的皇室主人或者说庇护者可能对政治而非专制的统治方式没有什么强烈的兴趣，但是约翰·福蒂斯丘爵士并不是在杜撰。的确有两种类别。议会在中世纪的欧洲很常见（只是到了16世纪和17世纪，大部分议会才遭到压制）。他们主要代表贵族阶层、高级教士，有时则代表城市政府（在英格兰“下议院”既是士绅也是上议院贵族的更为广泛的社会基础）——他们就是福蒂斯丘所说的“人民”。我们完全无法合理地称之为“民主的”。但是，潜在的民主的制度工具在发挥着作用：国王需要这些议会的积极赞成才能制定新的法律，最为重要的是，在国王们无法“独自生存”时（尤其是在战争时期）募集补给和税收。三个世纪之后，正是这一点赋予了议会对查理一世的支配地位，否则他将尽最大努力抛开议会而掌权。那个时候，与福蒂斯丘的
33 时代一样，除了被召集到这些议会的权贵和士绅，通常没有其他人会收税。把税收“外放到农场”，也即国王把征税权售卖给承包商，不仅不得人心，也是腐败的。当然，这一切都是政治权力问题，不是原则问题。不过，也仅此而已。他的“人民”是相当渺小的阶层，当时在政治上却有重要意义。希腊和罗马的公民阶层从来没有成为居民的多数，甚至在罗马城本身也是如此。不过请注意，福蒂斯丘既说到“政治”又说到“国王”。与甚至是共和时期罗马的最高权力一样，王权是捍卫王国和执行法律所必需的。法学家们认为，出于这两种功能的考虑，国王的权力是绝对的。如我们将要看到的，现代民主国家无法回避一种必要性，即规定某种紧急状态下的权力。政府这枚硬币的两面总是存在着，既有权力又有同意。

对于英国专制主义的政治限制，可以通过“伟大国王”统治

时期的一个事件来说明。加德纳主教在汉普顿宫受到亨利八世的特别召见，内心无疑相当惶惑；他被问到，国王是否像罗马的那些皇帝一样，无法任性地把自己的“意愿和享乐视为法律”。他在下一任期于狱中就那次会见写下了一则生动的描述，或许也是在自我辩解：

> 克伦威尔勋爵相当肥胖。“过来，温彻斯特勋爵，”他说（他就有这种自负，不管和我聊什么，他知道的都不比我少，不管用的是希腊语、拉丁语还是其他任何语言），“回眼前这位国王的话，回话要坦诚、直接，不要躲闪，伙计。难道那不会让国王高兴吗，一部法律？你难道不在民法（罗马法）之下吗，”他说，“君主喜欢的就是法律，诸如此类？”他说，“现在我已经有点记不起来了。”我安静伫立，头脑中很好奇这样会得出什么结论。国王看到我在沉思，便以真挚的柔和语气说：“告诉他，答案是‘是’还是‘否’。”我不愿回答克伦威尔勋爵，而是向国王回了话，告诉他我读到过一些
> 国王的作为，他们的意志总是能成为法律，但我告诉他，他 34
> 的统治形式能更为确定、悄无声息地把他的意志变成法律。“你的政府形式已经确立，”我说，“与你的人民本性相悦。如果你开启一种新的政策形式，没有人知道它会如何适应目标；至于如何适应，你是知道的；我永远不会建议大人舍掉确定而拥抱未知。”国王转过身去，随后从这个主题上岔开了。

真是一个狡猾又漂亮的答复。一方面，如果你已经足够安全，就

不要无事生非，这是对权力的审慎约束；另一方面，这也暗示着权力系于“人民的本性”。具体是哪一方面？最好不要想得太远，狗既已入睡就由其自便吧。叛乱总是可能的。

马基雅维里时刻

托马斯·克伦威尔是英国最先读到马基雅维里《君主论》的人之一。但是有人怀疑他是否同时读过《李维史论》，因为在这本书里马基雅维里展现了推崇共和的一面。国家只有强大了，才能够负载人民，并放心地把武器交给他们。在战斗中，爱国的公民会比雇佣军更为卖力。是的，为了创造新的国家，为了在紧急情况下拯救国家，或者为了让一个国民失去了德性（希腊和罗马的爱国主义和公民精神的韧性）的国家恢复本色，无情地使用王权是必要的。不过，为了维持一国的长期存在，权力应该是平展的；共和国要优越得多。他说，古代最伟大的孤胆英雄，是那些从看似无望的材质中创造出共和国，然后交由国民自治的人。人民的力量是伟大的，需要通过在制衡的政体中分享权力来加以约束。“每个城市都应该提供途径和方法，让民众的雄心能找到出口，尤其是打算在重要事项上倚重民众的城市。”在这一点上，马基雅维里把罗马共和国的政治思想带入了早期的现代世界。他所说的“重要事项”主要是为城市防卫，或者是为发起先发制人的攻击所进行的军事训练。但是，在我们的后
35 期现代世界中，如果一个农业经济的传统国家想要实现工业化呢？不仅要训练大众，还要以某种民主的方式确保能获得他们的支持，尤其是在当前，他们正危险地聚集在城市里。马基雅维里身处一个奇怪的时点，此时进步思想要远远地回望，才能从封

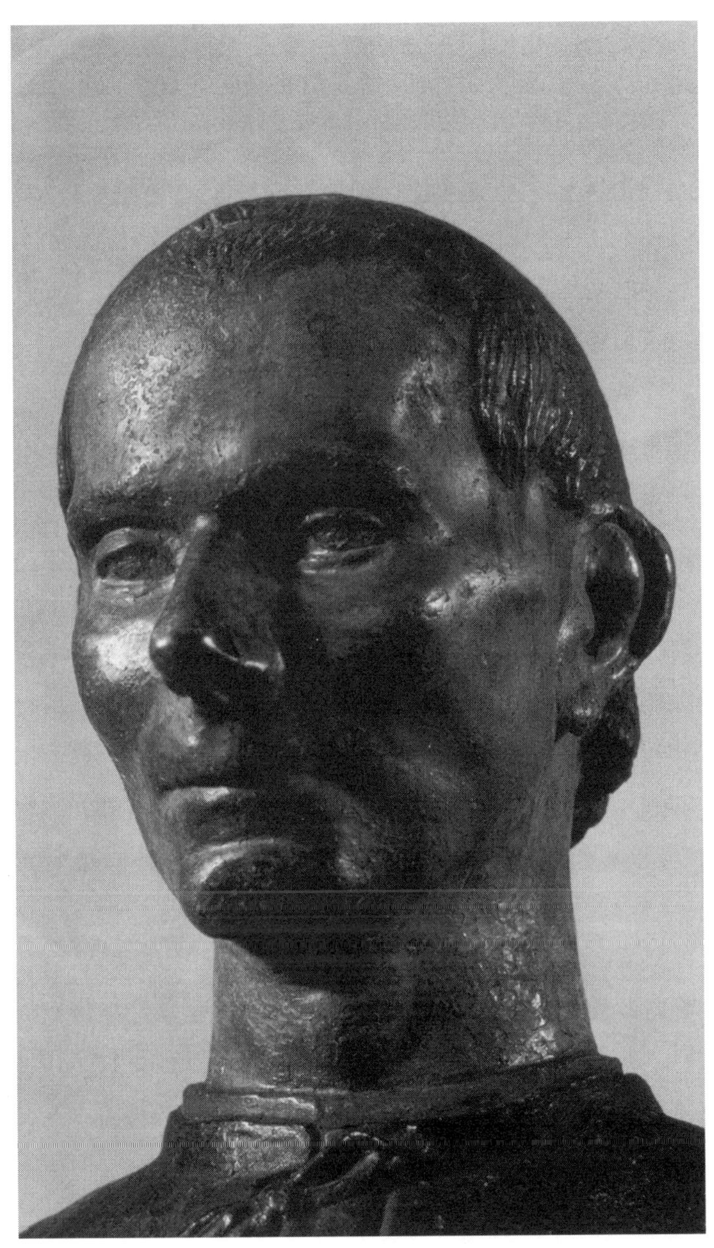

图4　马基雅维里，既写了《君主论》又写了推崇共和的《李维史论》

建主义和教权主义中解放自己。与柏拉图一样，马基雅维里半信半疑地认为，历史是周期性的：君主制堕落为僭主制，僭主制引发民主反抗，但是民主制到头来又是如此无法无天，君主或君王不得不现身或复位，但随后他的统治再次堕落，激起民主反抗……不过马基雅维里的确相信，只要有政治意愿和技巧，再加一点运气（政治生活中永远存在“时运”，从来没有什么是注定的），就能够找到适当的力量平衡来维持城邦的存续。

马基雅维里发明，或者说偶然发现了一种现代政治理论，它是关于民主政治的两项主要叙事之一。最广为接受且看似最为明显的观点是，民主国家必须努力创造一种普遍的价值共识，不过情况也可能是，它们擅长并宜于处理既存在于价值之间又存在于利益之间的不可避免、持续不断的紧张和冲突。马基雅维里说：“那些谴责贵族和平民之间纷争的人，似乎正是在谴责罗马维护自由的主要原因本身。”在每一个共和国，都有“两种不同的特质，即平民特质和上层阶级的特质，所有有利于自由的立法都是由两者之间的碰撞实现的”。所以，他总结说，“如果动荡导致了护民官的设立，那么动荡就应该得到最高的赞誉”。我会问，民主机制能否成为一种方式，使不可避免的冲突具有创造性，而不仅仅是能够容忍？（有些人乐观地认为，彼此竞争的两党制更能够确保这样的结果。）马基雅维里仍然提醒我们：“那些处于危险时期而无法求助于独裁统治的共和国，一般都会遭到毁灭。”就连卢梭后来都说：“人民的首要意图，是国家不要灭亡。”林肯则让众人注意到一个永恒的困境：“所有的
36 共和国都有这种与生俱来的致命弱点吗？对于政府来说是不是一种必然：要么过于强大，妨碍人民的自由；要么过于软弱，

无法维系自身的存在？”谢天谢地，林肯作为政治家和战争领袖的所作所为回答了自己这个惨淡的问题：“不一定。”然而，马基雅维里的共和主义只局限于独立城邦的世界。它们可能暂时联合起来，反抗法兰西王国或哈布斯堡帝国的入侵，但在马基雅维里的分析中，自由和政治只有在他那个时代的意大利城邦和德国的自由城市中才可能存在。他甚至主张对某些“士绅”（*gentiluomini*）进行“修整”、裁剪或清除，这些人由于在城邦以外拥有大宗地产而缺乏公民精神和身份认同。

英国内战

所以在意大利的城邦里，就像在希腊城邦和罗马本身一样，我们不仅要面对那些在总人口中所占比例很小的公民精英，还要与那些认为自己必属小众的精英周旋。古老的亚里士多德式分析看起来几乎明显是正确的：拥有财产带来了闲暇，闲暇又为公民活动提供了教育和时间，而这两项正是公民权的必要条件。从发生于17世纪中叶不列颠诸岛上的内战（拜托，不是“英国内战”）中，我们首次清晰地听到一项共和主义，实际上是平等主义的主张（从名为“平等派”的派别口中说出），这项主张极为普遍，听起来完全民主。从胜利的新模范军团（被称为“煽动者”）中当选的代表，与他们的将军艾尔顿和克伦威尔之间进行的普特尼辩论，从欠薪问题开始，很快就变成了关于选举权和整个王国政体的深入讨论。

正如克里斯托弗·希尔在对“诺曼枷锁”神话的研究中所讲述的，暴力事件使“基本上未被记录的思想的底层社会”浮出
水面。一般民众普遍认为，1066年以前，这个国家的盎格鲁-撒 38

克逊人是自由而平等的公民，以民主方式有条件地效忠于国王、伯爵和领主。诺曼人剥夺了他们的自由和永久不动产。与李尔本、沃尔温共同身为平等派首领的奥弗顿说："《大宪章》不过是一桩愚行，包含许多不可容忍的束缚的印记，而议会自此以后所制定的法律在很多细节上都使我们的政府更咄咄逼人、更无法忍受。"事实上，《大宪章》是国王与贵族[1]之间的条约或僵持，对普通民众贡献甚微，让平等派颇为恼怒的是，王国中的大人物以及那些法学家却为之如此小题大做。

《圣经》原教旨主义者的一个极端派别被称为"掘地派"，得名于他们在萨里的圣乔治山开始对未使用土地进行共同耕作（"地是上帝的，其上的果实也是"，加上"他的圣徒将继承土地"）；他们于1649年12月向费尔法克斯将军和他的战争委员会陈述自身主张的合理性：

> 鉴于英国平民通过全力以赴的一致同意，已经驱逐诺曼压迫者查理，现在我们已把自己从诺曼枷锁下解救了出来，土地要还给那些被征服的人，由平民共同掌管，并且要使那些仍然支持诺曼人和王权者的人不再能使用土地。

普通法学家对《大宪章》的看法成为18世纪和19世纪议会制政体的一大神话，对此看法的这种怀疑曾长期存在。布朗特里·奥布赖恩1837年在宪章派的一次演讲中称，"我们自己的统治阶级……费力从约翰王那里**挤出**了《大宪章》"，所以，他继续

① 原文为"baron"，在英国历史上指由国王直接敕封领地的贵族。

说，他们也应该做同样的事。

普特尼辩论中对以财产为基础的选举权有一个经典辩护，因为它首次必须回答普通士兵及其代表（用当时的话来说即 39
“鼓动者”）的明确主张，即由于曾经自愿为从国王手里争取共同自由而战，他们有权投票。一个叫塞尔比的人说：

> 我们当中有成千上万的士兵曾冒着生命危险；我们在这个王国里几乎没有财产，却有与生俱来的权利。不过现在在我看来，你们的说法是若一个人在王国内没有固定资产，在王国中便没有权利。我怀疑我们上了大当。如果对王国一无权利，我们便只是雇佣兵。和我情况相同的人有很多，也许现在他们几乎没有财产，但是与克伦威尔和艾尔顿这样的大人们有同样多的天赋权利。

这段话动人而有力，不过请注意，其中提出了两个截然不同的主张。一个是“适于打仗，则适于投票”，本质上是罗马共和国和马基雅维里式的。如果想让我们为你征战，就必须把我们纳入政体。在此主张的背后，肯定有一些令人担忧的力量。另一个主张则激进得多，即“与生俱来的权利”：身为一名生而自由的英国人，自动就有了投票权。这似乎挑战了公民资格整个古老的共和大厦，它建立在教育和理性（只能来自教育）之上，而不仅是服兵役，或者仅仅是任何个人的“意志”。塞比尔似乎就要创立或唤起包括公民权在内的自然权利哲学了，当时的任何哲学都没有对此给出依据，《圣经》也没有说我们有权投票。在上帝看来，我们都是平等的，“不分希腊人和犹太人、受过割礼的或未受割礼的”，都是同一位天父的儿女；但是与救恩相关的精神平等并不能帮助我们在任何情况下都能解构一句格言式经文：“恺撒的归恺撒，上帝的归上帝。”艾尔顿和克伦威尔把对与生俱来的权利的诉求径直视为“徒劳而空洞的言辞”，是修辞上的蠢话，或许是在主张作为一名同胞受到公正对待，而不是在
40 确定何为公正方面由上帝或自然（更不是武力）赋予平等的发言权。

艾尔顿回答说，这样的主张没有问题，但应该有代表，并且应该“尽可能平等地选举”：

> 问题在于，这个代表的选举是应该由所有人平等地选出，还是由在英格兰有利益和财产的平等者选出。我对自己的意见深信不疑……财产是公民社会的创造：自然状态下没有任何财产，也没有任何人有任何基础在光秃秃的食物和生存之外还享有其他东西。诚然，没有人能剥夺你与生俱来的权利，但在公民社会，除了与生俱来的权利，还有法律和宪法，并且没有人对他人的财产有与生俱来的权利。如果让所有人平等投票，很快就会通过许多夺取其他人财产的法律。

这引起了一位雷恩巴勒上校的回应：“先生，我看出来了，除非所有的财产都被拿走，否则就不可能有自由。如果作为规则确定下来，并且你是这么说的，那一定是这样的。”他吼道：“在英国最穷的人，也像最有地位的人那样要有自己的活路。”我经常听到哈罗德·拉斯基引用这句话，后来安奈林·比万在1950

年代又援引其为左派纲领的主要内容。不幸的是，一二十年后，历史学家们开始从平等派的小册子和宣言中表明，他们也相信基于财产的选举权：仆人、学徒、欠债的和租房的不应拥有选票，因为他们会受其他人掌控，无法进行**独立**判断。对于“所有的财产都被拿走”具体何意，雷恩巴勒没什么兴趣。他是在讽刺艾尔顿的归谬法，同时他本人就是在赞成更为广泛的基于财产的选举权。“独立”作为一种社会理想而发展起来，也反映了大量平民的自我形象，这些平民将自己统称为“人民”，却在自我定义中排除了数量众多的人，几乎肯定是大多数人。民主或
许是往前迈了一步，但是吊诡的是，这种独立的（而不是相互依 41
赖的）“自由民”（yeoman）式的个人主义，在此后很长时间内都是一种障碍。

即使是一代人之后的哲学家约翰·洛克，也无法破除财产与公民权之间假定的必要关联，不过他又针对贵族和世袭意味的主张加上了一条极具资产阶级色彩的规定：他说，对财产的所有权，如果是从自然中获取，并与“人身体的劳动和双手的工作”结合在一起，换句话说就是得到了提升，这种所有权就具有了正当性。在影响重大的《政府论·下篇》中，洛克明确指出，上帝许给我们“任何人正好够用的[财产]，在财产败坏之前用来做有益于生命的任何事，只要他能够通过劳动把财产确定下来。在此范围以外的任何东西，都没有他的份，而属于其他人。上帝创造的一切，都不是供人糟蹋或损毁的”。如果英联邦崩溃了，思想和事件反而获得了新的可能性。普特尼辩论中对“与生俱来的权利”的主张，经由洛克成为广泛接受的信念，特别是在美洲殖民地；正如洛克所说，我们都生来就拥

有对“生命、自由和财产”的自然权利。自然权利的观念是人为创造的。那就是人的本质（或者上帝赐给人的）：一束权利。如果这些权利受到政府侵犯，人们可能会收回自己拥有、只不过是借给政府的权利。在洛克那里，有一项小心翼翼地用篱笆圈起来的革命权。这座“庄园”是什么？似乎不是普遍的财产权（可以用洛克式话语来提供正当性），而是一种拥有最低限度的财物的组合，能够保证我们的独立性、个人自主性，以及我们的“庄园”——隐含地位或尊严之义（如费斯特所唱的，“当我来到男人的庄园”）。

美国的事业

美国独立战争既不是革命，也不是争取民主的斗争，却有着
42 革命和民主的结果。战前几十年，英国的政制体系完全没有作任何民主的虚饰。有人鼓动，要在议会中更加平等地代表放荡者、煽动者和改革者约翰·威尔克斯所谓的“中间人物”，十三个殖民地的骚动事例又为之大大地推波助澜。他们的大多数领头人物，事实上包括威尔克斯本人，怀着不同程度的诚意和玩世不恭，把自身看成是“人民的护民官”，而不是人民的一员。一般来说，改革派被称为“爱国者”，如此称谓是在效法美国殖民地中抗议皇室权威，随后又受到驱动去挑战议会本身的那些人。他们是爱国者，因为他们说这是我们的祖国（*patria*）、我们的国家，我们用自己的双手耕作的土地。而英国的爱国者（当约翰逊博士粗鲁地说“爱国主义是流氓的最后避难所”时，无疑就是指他们，而他心里想的可能是“杰克”·威尔克斯）还对这个词的附加含义很享受，即国王、宫廷和大领主可能被嘲笑为受他国

影响太多——与德国沾亲带故，且染上了柔弱的法国仪态。在这夸张的描述中，又会对诺曼枷锁在不经意间来一次修辞上的发挥。很少有改革者会青睐男子的普选权，正如奥尔德曼·威廉·贝克福德1761年在伦敦公司发表演说时所说的："先生，我们的政体只有一个缺点，那就是可怜的小镇派驻议会的议员与大城市的一样多；这违背了一项准则，即权力应该源自财产。"或许，正是因为没有想透那条辉格党准则，才让美国的分离在那时而不是以后就不可避免。即使是暴民英雄威尔克斯，也更为接近奥尔德曼·威廉·贝克福德，而不是托马斯·潘恩的"人的权利"。

美国问题揭示了更深层次的恐惧，无疑能回溯到关于英国内战的记忆，以及极端的共和而**近乎**民主的观念那短暂又可怕的插曲。关于如何安抚焦躁不安的殖民者，一个普遍而明显的建议是赋予他们议会代表权。确实，有人主张他们应该有这样的权利，因为无代表不纳税是理所当然的。对于许多英国辉格党人来说，这似乎是公理。身为查塔姆勋爵的威廉·皮特，七 43
年战争的伟大领袖，实际上认为针对美洲殖民地的《印花税法》（为他们自身的防卫而缴纳）是违宪的、非法的。没有代表，便不该纳税。议会并非在所有事项上都有主权。这是一项有力的主张，但在议会中是少数派的观点。《英国议会议事录》（*Hansard*）记述了一位匿名议员反对废除《印花税法》的发言：

> 毫无疑问，在议会中，殖民地居民与英国的绝大多数人民一样得到了同等程度的代表，英国的九百万人中有八百万人在选举议员方面没有发言权：因此，基于代表问题

> 反对殖民地对议会的依赖，每一项反对意见都指向大不列颠的整个现状。

如果让美洲代表进入议会，我们也不得不让这八百万人得到代表。当然，我们认为他们在议会中由自身中的优秀成员以经验和智慧的结合（被称为"处方"）出色地"实际代表"（埃德蒙·伯克的有用短语）了。国会议员的恐慌还为时过早，但重要的是，我们终于可以看到一些状况，即使没有强有力的民主运动（当时的实际改革者与掘地派的心态基本相同，都倾向于以能够确保"独立"的最低限度的财产作为选举权的基础），在其中也产生了对民主的真正恐惧，而不仅是在设定"良好的老式目标"的那些旧书中读到的东西。那些反对任何改革的人把改革者讽刺为无政府的民主主义者。一些改革者被扣上这顶帽子以后，会挑衅地甚至自豪地戴上它。

在美洲殖民地中，居主导地位的精神气质是"独立"，即一种将商人群体和小农场主都联系起来的积极的个人主义。年轻人在阿巴拉契亚民歌中表达着热爱之情："我是终身持有产业的
44 人，拥有自己的土地。"在几乎所有州的议会中，选举权的范围已经比英国所有选区（除极少数例外）都要广泛，原因不在于民主情感，而是因为公共土地随处可得。以每年应纳40先令税款的终身产业为基础的投票权普遍存在。更多的人习惯了民主的治理方式，包括投票、请愿和公开辩论；在遭到忽视时也越来越多地进行示威和暴乱。一位王室官员在家信中写道："暴民们嚷着'自由和财产'，这意味着他们即将烧毁仓库。"抗议活动若遭到忽视，同时议会又未能给出任何政治和政体上的适当妥协，就会

转变成要求独立的主张和斗争，抗议领头人们的思想框架是共和主义而不是民主的。他们希望公民群体积极活跃，同时选举权又有最低的财产限制，以确保选民一定程度的教育资历、责任意识和土地关联。这些人就是“人民”，既是激进的杰斐逊主义者，也是华盛顿和约翰·亚当斯更为保守的追随者。不过，他们都强烈支持宪政，也就是说有一部成文宪法，不是由选举产生的议会即国会来解释，而是由最高法院来解释；在最后定稿的宪法中，总统在就职时宣誓将执行法院的裁决，哪怕要违背行政机构和国会本身的意愿。约翰·亚当斯有句话广为人知，称新政体是“法治而不是人治”。英国议员们崇尚英国政体——在议会主权理论下这种政体正是他们所说的那种情形，亚当斯则说“君权极为暴虐”。当美国人在国家文件中自称为共和国时，不仅仅意味着“没有国王”，而且是指由“人民”的民选代表组成的政府。但是再一次，我们必须停下来解释这个响亮的词语：正如在平等派眼中一样，它意指所有的成年人，除了那些没有应税财产的，当然还要排除女人、印第安人和奴隶。分离和自决的主张明确地基于洛克式观念，即所有（有价值的）个人都拥有天生的权利。排除在外的几类人被默默地忽视，直至半个世纪以后甚至更长的时间。 45

在新成立的合众国，大力推动对“普通人”的崇拜甚至担当其化身的托马斯·杰斐逊，在蒙蒂塞洛设计并建造自己的房屋。他用上了最新的发明，即空心笔尖自来水笔，这样在写下某个字母时，附在笔上的精致杠杆就能带动其他的笔写出副本，从而省下书记员。他发明或改进了“不说话的侍者”和“服务升降机”，如此一来，以真正的共和式简朴，他可以在桌上亲自为客人

图5 托马斯·杰斐逊,《独立宣言》的起草者

服务，视线以外的奴隶则在下面准备好食物再推上来。（当然，在1954年的田纳西州，我在用餐时还受到提醒，不要在“他们”，即殷勤的侍者面前谈论“那个问题”，这也是“行为准则”的一部分。）

然而，在费城制宪会议上或会议前后，“民主”在非凡的辩论中被援引，最终制定出了1787年新的联邦宪法。这是始于抗议和独立运动的一类书写的顶点，美国学者佩里·米勒曾经称之为“公民文学”：关于政府的基本目标和手段的合理辩论，其展开的层面要求具有批判性的智力，同时又用平实的英语来触及普通选民。由普布利乌斯（无疑即亚历山大·汉密尔顿和詹姆斯·麦迪逊）撰写的《联邦党人文集》，不过是其中最为出色和流传最久的例子。围绕上个世纪历次内战的小册子文学，是此类规模、此种类别的唯一先例。这种高质量的公共说理上一次出现在英国，是1886至1914年间围绕爱尔兰问题和上议院改革的。（今天，重大议题在媒体上变得弱智，或者局限于学院中的晦涩语言，对比之下令人感叹；关于权力下放，苏格兰人确实写出了令人印象深刻的“公民文学”，但很少有人阅读。）在美国的这种“公民文学”中，有两个重大问题：中央政府的权力与13个州的权力；以及对于民主统治和选举权应该深入到什么地步所作的制衡。

费城辩论实际上发明了联邦主义的观念，作为中央政府和 47
省级政府之间按成文宪法的规定所作的一致同意的、由法律调整的、有约束力的分权。此前这个词的含义面目模糊，主要与类似古希腊的亚该亚同盟相关，是独立城市之间出于有限的目的为创立共同制度、采取共同行动所订立的条约；与18世纪的瑞士邦联一样，各组成部分要么可以自由脱离，要么各自拥有对多数的否决权。美国联邦宪法则为中央，即联邦政府界定和赋予了有限却重要的权力，同时联盟的各个单独的州保留了其他所有权力（包括对选举权的控制）。这种权力平衡经年累月间实际上发生了怎样的扭转，则是另一回事，从一开始就一直存在争议。为了使向中央分配的这种权力能够得到接受，分权和制衡同时被引入了，行政和立法机构彼此分立（不同于在议会中）。同时存在一个参议院，每州有平等的代表权，以及一个众议院，议员数量与每个州有选举权的人口成比例。随后不久，宪法中就加入了《权利法案》，专门保护公民的个人自由。所有这些安排相当繁复，不过有技巧又有耐心的话还是能够解析，关于民主的争论看起来则是根本的和关键的。与一个世纪前的普特尼辩论一样，那些拿起武器的人无意再受旧式议会之类的制度蒙骗，即便已没有国王，而且现在也控制在他们的"高等"同胞手里。

不妨以1787年5月31日辩论的总结报告为例，是关于如何选举众议员的。各方意见分歧明显。保守派，或者按他们很快就自称的叫法（窃取来的名字）即联邦党人，主张间接选举。"谢尔曼先生（来自康涅狄格）反对由人民选举，坚持认为应该由州立法机构来选。他说，就直接事务而言，人民在治理方面应该尽可能一无所为。他们缺乏信息，并且总是容易被误导……""格
48 里先生（来自马萨诸塞）说，我们所经历的罪恶来自民主的泛滥。人民不缺美德，但是容易受到伪装的爱国者蒙骗……他说，他在此之前也一直是共和主义者，当时仍然是共和主义者，只是根据经验得知这种消除差别的精神很危险。"在马萨诸塞，"让公务员匮乏似乎是民主的一条准则……平民吵闹着要求降薪"。

但是，“梅森先生（来自弗吉尼亚）坚决主张由人民来选举人数更多的分支。这里要成为承载政府的民主精神的庞大处所……它应该了解共同体的每一部分并与他们感同身受。他承认我们一直过于民主了，又担心我们一不小心走到另一个极端。我们应该关心人民中每一个阶层的权利。他常常感到诧异的是，社会上层人士对这种人性和政策方面的支配如此漠不关心”。请注意，他既说到“人性”又说到“政策”，同样的务实精神使他承认，民主既可能太少也有可能太多。民主是善治的一个重要因素，但不是全部。

然而，来自宾夕法尼亚的一个叫威尔逊的人，看起来对现代政治的本质有着根本的洞察，他把两项主张结合在一起，一项支持联邦与各州权力的分立，另一项支持民主与受限的选举权之间的分立。他“力主从人民当中直接抽取立法机构中人数最多的分支。**他支持把联邦金字塔拉升到相当的高度，因此希望赋予其尽可能广泛的基础**。没有人民的信任，任何政府都无法长久维持”（黑体由我标注）。

多年以后，托马斯·杰斐逊和约翰·亚当斯都垂垂老矣，杰斐逊回顾了这一切，写信给他从前的对手：“选举选出专制并不是我们奋力以求的目标。”他的政党已经从自称为辉格党转而自称为民主共和党，经常也称为“民主党”，声称是真正属于普通民众和普通人的党；然而，他们的信念和演说中描述的个人**权利**，与多数人的权利（和权力）一样多。民主的含义开始在民众 49
的理解中扩大，纳入了**自由**和**权利**，但有些人，当然也包括杰斐逊本人，仍然意识到在不同的时候它们可能是朝不同方向拉动的不同力量。在起草《独立宣言》时，杰斐逊把洛克说的所有人的自然权利从“生命、自由和地产（estate）”［当时和现在都普遍被错误地引用为“生命、自由和财产（property）”］改成“生命、自由和追求幸福”。“杰斐逊式民主”后来渐渐意指在政治和社会层面崇拜“普通人”，即能着手做任何事的人。他可以亲手耕种自己的土地，可以阅读法律书籍以及时事小册子，可以在下级法院或者城镇会议上自如地陈述事实，必要的时候他会携带或者拥有武器（根据宪法权利）来捍卫共同的自由。杰斐逊主义者想必会同意卢梭和康德的观点，即每个人自己身上都有一种共同理性和道德感觉，那就是公意或良知——随你怎么称呼——如果以谦逊的朴素加以运用，直截了当而不追逐时髦或炫耀学问地弄巧，没有私心而满怀同情，我们就会得出与邻居和同胞极为相似的结论。普通人身上有常识。一种新的民主道德正在诞生，尽管实际上它是在遭到违反而不是得到服从的情况下备受尊崇的。

所以，在独立战争和新宪法形成的过程中，民主并不是激励的力量，各个州在独自确认或改革现有的投票制度时，也没有迈向民主的亦即普遍的白人男性选举权，那是当时可能达到的极限。甚至谈不上这一点。大多数州的立法机构固守着老式的终身有产者选举权，尽管情况各有不同。曾经有人说，真正的民主和选举权的扩张始于平民英雄安德鲁·杰克逊将军于1829年当选总统，他来自新加入联邦的边疆州田纳西。对手们惊恐地称之为“一颗未经加工的金刚石，一个蛊惑人心的人，如果曾有过
50 这种人的话”。这就是所谓“杰克逊式民主”的时代。

不过，历史学家们现在指出，如果不是大多数人即“平民”**已经**获得了投票权，如果不是通过民主改革，而是通过土地价值

的逐渐膨胀使得旧式的“四十先令终身产业”（往往从殖民地时代起就没有变过）很容易获得，杰克逊可能永远无法当选。但是，说土地价值的膨胀带来的是民主的选举权而不是意识形态，就是风凉话了，也过于简单。很多人都情愿抬高选举资格条件，只是在新的民主风气下不敢尝试罢了。政治行为和社会性质两方面都再也不同于以往了。

一些同时代人和大众历史学家把这段时期称为“民主的胜利”，但这种胜利并不能确保前方没有麻烦。如果在数量众多的州中，民主的多数派（现在霸占了这个名字成立民主党了）想要脱离联盟，而不是眼看着奴隶制这一“特殊制度”受到威胁，情况会如何呢？费希尔·埃姆斯是一位真正的、罕见的美国反动派，更像是英国托利党人而不是马萨诸塞州最高法院的法官，他讽刺说：“君主制像是一艘华丽的船，所有的风帆让它庄严地前行，但随后撞上一块岩石，永远沉入水中。民主制像是一条木筏，永远不会下沉，但是该死的是，你的脚总是浸在水里。”比喻很贴切，因为他暗指木筏不过是被潮汐或水流冲着往前走；可以用船桨或木板略加操控而保持漂浮，把方向稍微向左或向右调一下，甚至可能放慢或加快一些，但是，在民主的潮流面前不可能掉头转身。

法国大革命

费希尔·埃姆斯心里想的可能是查理一世或路易十八，但在这两种情况下他都错了，除非是在美国。君主制和独裁制在欧洲并未永远沉没。拿破仑在军事上被击败后，法国的君主制复辟了。美国和英国的宪政思想在法国大革命的第一阶段占主 51

导地位，但是立宪派很快就被雅各宾俱乐部的专政所荡开。雅各宾派把自己的统治称为专政，因为沿袭罗马的用法，他们视职权为在紧急状况期间行使绝对权力的正当依据，此紧急状况包括摧毁旧制度即保皇派在法国的起义，外国军队入侵法国、试图在革命扩散之前恢复君主制，以及他们在巴黎的对手的反对和阴谋（既有现实的也有想象的）。当然，专政仅仅适用于紧急状态期间，止于共和国恢复纯粹、得到净化，变得强大又安全之时。这种心态在美国新出现的与自由（或者说由法律保证的个人权利）相结合的多数统治意识中，几乎没有给民主留出什么时间。革命者远远越过了在世界面前表明独立权之正当性这一边界，如杰斐逊诉诸普遍理性的那些话；他们写出了《世界人权宣言》，煽动各国人民抛开国王和贵族，并承诺将在整个欧洲亲身推广这些原则。

在雅各宾俱乐部的桌子上，放置着卢梭的半身像。卢梭绝不应该为他们的行为负责，但是，他们在卢梭身上看到了对一项新的普世原则（尽管只有在革命之后才能适用）的陈述。“人民”不再只是那些凭借财产和教育才成为公民的人；出于两项强有力的原因，任何人现在都可以成为人民。卢梭在《社会契约论》中说：“人生而自由，却无往不在枷锁之中。”当然，这显然不合实情。我们其实生而无助，要依赖于母亲。但卢梭的意思很明显：“人是为自由而生的。”如果暴政的枷锁以及等级社会的人为惯例被抛弃，我们就会变得自由。那才是符合自然的。第二项强有力的因素是，就天性来说，我们每个人都有能力表达“公意”：也许最好的理解是，我们每个人都有能力（通过一种道德
52 努力）普遍地而不是特别地运用意志。然而，这种公意（*volonté*

图6　卢梭受自然启发，罗伯斯庇尔由行动激励

générale）并不是数量上的多数，而是所有为摆脱自私、摆脱由社会的人为惯例和博学之士的傲慢所强加的通向自然生活的障碍而诚实地、简单地、真诚地努力的人所达成的共识。总而言之，他颠覆了共和主义的主张，即公民资格必须以财产和教育为基础。没有它们（至少如社会目前为止确立它们的那样），我们终于可以成为最佳状态的自己，发现我们的真正本性。（实际上，卢梭主张一种新型的家长式教育，不过是一种感觉和个人成长的教育，而不是知识的教育。）想到你对此主张可能在哪些方面表示赞同，卢梭第一次为民主进行了道德辩护。当时，法国大革命中每一个依次登场的派系都可以标榜“人民主权”。但是当时的困难无疑在于（也一直在于），得有人为人民说话。雅各宾派确信自己在为人民代言，并对“人为的”宪政约束，或者说密尔所称的、美国人实际上奉行的代议制政府无甚兴趣。

亚历克西·德·托克维尔在开创性的《旧制度与大革命》（1856）一书卷首声称，法国大革命是一场类似于宗教革命的政治革命。“它有宗教运动所具有的全部独特的、标志性的特征，不仅蔓延到国外，而且是通过布道和宣传传播到那里的。”他说，无法想象有什么景象的奇怪程度更甚于“一种政治革命，它能激发人改变信仰，它的追随者像在国内发起时那样，以同样的热忱和激情向外国人宣讲……它假装朝向人类的重生更甚于法国的改革，所以引发了最为激烈的政治革命也从未激起过的热情”。他说，凭借其改宗和宣传（他使用了“宣传”这个词，当时不过是天主教会的一项职责），它吓坏了同时代的人，“如伊斯兰教所做的
54 那样……把斗士、使徒和殉道者倾泻到世界各地”。

与罗马的“元老院与人民”一样，“自由、平等、博爱”写在

所有的旗帜上。自由主要是免受皇室、贵族和教会控制的自由——革命获胜后个人自由就会到来，这是确定无疑的。平等不是经济平等，而是作为公民的身份平等。称呼的形式变成了公民罗伯斯庇尔、公民圣鞠斯特、公民丹东；不过，在所有那些为着相同的目标努力的人当中，或者在丹东于六月集结起来保卫共和国的公民军队中，博爱情感强烈而真实。在面向国民议会（the Assembly）发表的一次演说中，圣鞠斯特对此作了如下的注解：

> 建立一座城市，其公民以朋友、客人和兄弟彼此相待，这是你的任务。重建公众信心，让人们认识到革命政府并不意味着战争或征服，而是从苦难通向幸福、从腐败通向诚实、从坏的原则通向好的原则，这也是你的任务。

但是人们开始发问：这样的过渡是否永无止境？毫不奇怪的是，当代一位保守派历史学家把这一点与托洛茨基的"永久革命论"相比拟。罗伯斯庇尔谈到了雅各宾派的理想目标，即"和平地享受自由和平等，让永恒的正义来主导"，但这只能体现于"由于**不断分享**共和感情而变得伟大"的国家。同时，他说革命的目的必须是对革命的敌人进行暴力恐吓（*la terreur*），不过没有爱国精神的恐怖是灾难性的，不带恐怖的爱国精神则是无力的。渐渐地，恐怖不仅意味着对反革命者迅速而无情的行动，同时也针对那些有可能反对革命的群体或个人。虽然他们可能在革命的象征意义上表现得如同高尚的罗马人——罗伯斯庇尔确实说过"自罗马人以来就没有历史了"，与罗马共和国的合法性观念的分裂却在一段时间内又弥合了。

55 “立宪政府的目的是维护共和国，革命政府的目的则是创造共和国。革命是与敌人展开的自由之战；宪制是得胜的、和平的自由政权。”罗伯斯庇尔继续说道，“立宪政府主要关注私人自由，革命政府则关注公民自由。”圣鞠斯特后来则呐喊：“那些若非反对我们就是不支持我们的人，他们是谁！”（这句话在革命传统中被长久铭记，于是当独裁者或者说党魁卡达尔于1970年代中期说“那些不反对我们的人就是支持我们”时，匈牙利人感到一丝愉悦：这是一个精明的新独裁者的相对宽容。）

历史学家们现在争论的是，大革命对法国社会的改变，程度是否如人们一度认为的那么深。不过，我们在此关注的不是这一点。关键在于，要想节制支持立宪的吉伦特派和反对立宪的雅各宾派，都有赖于能够激起和引导平民的力量。有一段时间，他们似乎是没有任何正式的民主机制的平民意愿的体现。他们的权力立基于声望，但城市里的平民已经显示出了力量。对于19世纪的许多欧洲人来说，无论是希望还是恐惧，法国大革命都是一项未竟的事业；但大多数政府不论是出于原则还是政治上的审慎，都认为需要对选举权进行一些改革，并对言论自由和出版自由给予某种法律保护。不管是出于对“人民”的尊重还是恐惧，共和传统在法国社会变得强大起来。在美国，民主则走向了自由主义，在保障公民权利的同时，对他们的要求越来越少。不过，民主在法国从来没有完全失去过平民权力那粗糙的共和锋芒。

如幸存下来的老雅各宾派所说的，拿破仑并没有激烈背叛大革命，而是领受了它的潜能并加以合理化。大革命把法国统

一起来，实现了中央集权，而在旧制度下，法国的行政权在很大程度上寓于省级，高度分权。所以，拿破仑能比雅各宾派更明智 56
地扮演罗马的角色。他那伟大的法律改革，即《拿破仑法典》，把传统的、仍属半封建性质的法国法律，改造成以罗马法原则为基础的更合理、更统一的结构。如果他自立为君，那就是在公开效法罗马的第一位皇帝，那位奥古斯都·恺撒曾自视为（或者坚决要求被他人视为）保护共和国法律的第一司法行政官。法国平民在与旧君主和旧制度大军的斗争中发现了爱国主义和民族主义，两种情感都很强烈，以至于拿破仑在战争中能够仰赖全民动员（*levée en masse*），比如大规模征兵。直到那个时候（在君主制下同样一直如此），征兵工作对于兵源都不得不严格把关，主要限定于传统上忠诚的乡村地区，毕竟训练和武装城市里的暴民太危险了。而且，无论如何征兵要想确保稳妥，只能靠强制少数男性适龄人员参军来补充正规军，而不是覆盖或压倒正规军；不到万不得已是不会武装全体平民的。不过在法国，革命精神依然旺盛，平民已经意识到了自己的力量和价值。拿破仑可以放心地把武器交给他们，因为他被视为贵族的反对者、革命的继承人，如果他自设军衔和序列，那也（大部分）是基于才干而不是出身。对于（大部分）公共职位，公开考试取代了庇护提携。所以，我们很容易声称，大规模征兵是民主时代的一种手段（最古老意义上的民主，而不是新兴的美国，杰斐逊所称的“世界最好的盼望”），正在迅速地淡化对法国原则的最初热情。 57

第四章

托克维尔先生如是说

专制主义……在我看来，在民主时代特别令人担忧。我相信，任何时候我都会热爱自由，在我们生活的时代我愿欣然崇拜它。

当今诸国无法阻止人类状况向着平等迈进，但是平等的原则把他们引向奴役或是自由、知识或是野蛮、繁荣或是不幸，则要看人类自己。

（托克维尔，《论美国的民主》）

约翰·斯图尔特·密尔在《自传》（1873）中讲道，正是阅读托克维尔，开启了“我在《代议制政府》中，把政治理想从虔诚信徒眼中的纯粹民主转变为加以修正的民主”。密尔断言，原因在于托克维尔对于“民主的优越性”给出了更有说服力的描述：在承认民主必然到来的同时，托克维尔指出了平民政府“特有的弱点”，并表明该如何补救。他说最重要的是，托克维尔努力保护民主，不让它“退化成那种独一无二的专制，在现代社会中它存在着真正的危险，即行政首脑对孤立个体构成的集合实施绝对统治，全体平等但一律为奴”。这种状态可能来自日益加剧的集权化。密尔从托克维尔那里看到，居于国家 58
和个人之间的所有那些制度，在维持自由和民主之间的平衡方面极为重要。密尔已经看到，在英国有利的改革频频受挫，“因为伪装而成的地方政府怀有……不合理的偏见，往往不过是打零工的地方寡头出于私心的管理不善”，现在他又认为这些地方偏见在一定程度上保护着一个完全集权的国家，因而是支持对地方政府加以改革而不是肢解的理由［万变不离其宗（*plus ca change, plus c'est la même chose*）］。托克维尔在那部两卷本巨著中对美国社会的论述，不论是否完全准确，其结论都极大影响着欧洲人和美国人对未来的看法，他的许多观点今天仍有重要意义。托克维尔完全称不上是当代的亚里士多德，但他的严肃态度和得出的结论，与密尔的那些结论一样，值得特别关注。

亚历克西·德·托克维尔（1805—1859），政治观点自由而个人气质保守，出生于诺曼底的贵族家庭，却试图通过撰写的所有著作和担任的公职说服贵族同胞接受大革命的遗产，让他们相信时光不会倒流。他们必须承认，日益扩大的平等是不可避免的，需要研究的是在平等的时代如何维护自由。托克维尔所说的“平等”，指的是实际的政治平等和日益平等的条件，即他在美国发现的民主的“风尚”（manners）或行为方式，而不是经济上的平等。他对极端的经济不平等的危险关注得太少了，仅仅认为商业和市场之间关联的强化标志着贵族气质的终结，而资产阶级伦理本质上是温和而审慎的，不利于寡头制——不过，亚里士多德的幽灵可能曾在他的耳边嘀咕着“富豪制？”。尽管如此，他却是民主条件的第一位深刻、系统的分析家，无论这种条件多么难以实现。一个同时代的人称他“像虔诚的埃涅阿斯，已经着手创建罗马却还在为被遗弃的狄多哭泣”（维吉尔），
59 内心坚定但眼泪未歇。

1831年，受法国政府之托，托克维尔和朋友居斯塔夫·德·博蒙一起访问美国，想撰写关于改革后的监狱系统的报告。此行的成果不仅有1832年发表的一份报告，还包括托克维尔的两卷本巨著《论美国的民主》（先后出版于1835和1840年）。去美国之前，他心里已经有了大概的想法，这种想法事实上也是启程的主要原因：“坦白地说，在美国我看到的不仅是美国。我在那里探寻民主本身的形象，以便了解我们对其进步不得不怀有的恐惧或希望。”此外，他那部同样影响广泛、酝酿已久的作品，即《旧制度与大革命》（1856）一书的核心主题和假设也在成形。这两部作品同属于一项宏伟计划，即确定法国旧的贵族制度如何走向崩溃，说服人们相信民主（他指的是条件的平等）无法避免，并通过研究在这些倾向走得最远的美国民主如何实际运行，在一定程度上以比较的方式遥望欧洲的未来，从而知晓如何直面法国大革命的未竟之功来保障欧洲的自由。他在上卷结束时预言，不久之后世界将由两个人口众多、幅员辽阔、代表着不同原则的国家主导，即美国和俄国。上卷的最后一句话一度流传广泛：“当今诸国无法阻止人类状况向着平等迈进，但是平等的原则把他们引向奴役或是自由、知识或是野蛮、繁荣或是不幸，则要看人类自己。”

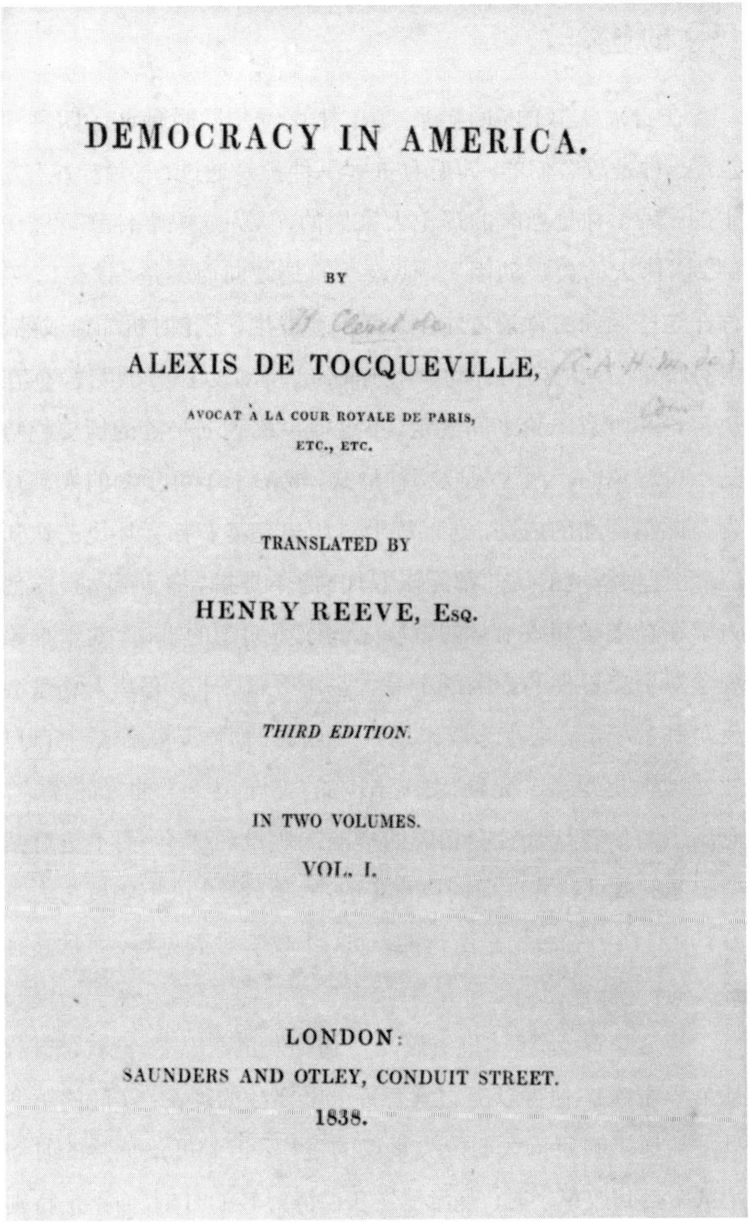

DEMOCRACY IN AMERICA.

BY

ALEXIS DE TOCQUEVILLE,

AVOCAT À LA COUR ROYALE DE PARIS,
ETC., ETC.

TRANSLATED BY

HENRY REEVE, Esq.

THIRD EDITION.

IN TWO VOLUMES.

VOL. I.

LONDON:
SAUNDERS AND OTLEY, CONDUIT STREET.
1838.

图7　托克维尔代表作首部英文版的扉页

民主的危险

在身后出版的《回忆录》中，托克维尔同时嘲讽了两种观点：一种是政客们的，即所有重大事件都是通过“幕后操纵”发生的；另一种是当时的理论大家们的，认为这些事件都可以追溯到“伟大的第一动因”。他谈及的是倾向而不是“铁律”，声
60 称在这些倾向的背景之外什么都不会发生，无论时机如何成熟，没有特定的人的自由行动，一切都不会自动发生。可以说，他在决定论和唯意志论之间游走，不过他声称朝向平等的历史趋势是不可避免的。至于采取哪种形式，取决于不可预测的人类行为。此类行动的成功，则有赖于对历史趋势和社会环境的认知（虽然任何程度的认知都无法取代，而不是指导政治行动）。他力求在社会学和政治学的解释之间取得明智的平衡，对于抽象观念对历史事件的影响既不夸大也不贬低，即使有些人总是会反对称，例子是刻意选取来迎合观点的，而不是从证据中自自然然地得出观点。无疑，托克维尔的美国是一个抽象的模式，充满了与所有现代社会相关的华丽的假设和理论，而不是对某个国家的实证研究。但同样肯定的是，他为撰写《旧制度与大革命》而对法国省级档案所作的研究，不仅有独到见解，而且具有持久的价值。

从这些省级资料中（并不是一切都发生在巴黎、伦敦、柏林，甚至华盛顿），他得以提出具有持久重要性的理论：实际的革命只是加速了旷日持久的中央集权的进程；旧制度最危险的时候是试图自我改革之时；革命发生在经济好转的时刻，而不是特别艰难的时期。他把最后两个论点总结成，在专制和贫穷中人们

绝望地受苦，只有在出现希望的理由和改善的迹象时才会奋起。

他两部伟大作品的基础都是自由与民主之间的区别。为了
弄清法国革命和美国革命中发生的事件及其后果，他发现很有
收获的一个做法是，在古典意义上把“民主”单纯视为多数人的
统治，这种用法进而又意味着社会条件日益平等。他把美国当 62
作一个粗略来看没有阶级的中间阶级社会。民主国家可能会鼓
励言论自由和个人在政治行动中的选择，也可能不会。托克维
尔认为，它们有可能带来比以往任何时候都要更大的自由，其中
既有他在《论美国的民主》中陈述的一般原因，也缘于美国特有
的一些制度。但另一方面，民主制度中的许多事物却对自由和
个人主义产生了独特的威胁。他谈到“多数人暴政的危险”、舆
论的偏狭、对统一与平庸的崇尚，以及对古怪、多样和卓越的狐
疑。在篇幅极短的“文学贸易”一章开篇，托克维尔那贵族式的
蔑视一闪而过：“民主不仅给贸易阶层注入了文学品位，而且为
文学带来了贸易精神。”不过他说得有理。

他在下卷第六章的一个段落中表达了深深的恐惧，这段话必须充分阅读，才能捕捉到他那重要理论的令人激动之处。

> 我试图追溯专制主义在世界上可能表现出的新特征。首先引起人们注意的是无数的人，人人平等而相似，不断地努力获取微小的点滴愉悦，让它们充斥于自己的生活。他们中的每一个人，分散居住，对于所有其他人的命运来说都是陌生人。孩子和私交对他来说便是整个人类。至于其他同胞，他离他们很近，却看不见他们；触碰他们，却感觉不到他们；他只存在于自己当中，只为自己而存在；

> 如果说他还拥有亲属关系，至少可以说他已经失去了自己的国家。在这种人类之上，有一股巨大的守护力量，独自承担起责任来让他们获得满足，并照看着他们的命运。这种力量是绝对的、缜密的、规律的，富有远见，又很温和。它像是父母的权威，如果和父母一样，它的目标是让人长大成人的话；但是相反，它试图让人永远处于童年：如果人们除了欢乐一无所思，那么只要他们高兴，它就很满足
> 63 了。为了人们的幸福，这样的政府甘愿受累，不过它情愿担任这种幸福的唯一代理人、唯一仲裁者；它确保他们的安全，为他们预先准备和供应必需品，促进他们的欢愉，管理他们关心的主要事项，指导他们的产业，调节资产的继承，细分他们的遗产：如果还有什么，那就是让他们省去所有思考的忧虑和生活的烦恼。

这段话是修辞性的，有点过头，完全不讲政治正确，对现代趣味大加嘲弄；这种社会孤立的景象有点夸张（虽然许多现代社会学家也曾经在谈论中用到“孤独的人群”“异化”“失范”或“独自打保龄球”等类似的词语）。但是这个问题十分严重，迫使我们去思考基本的问题，而不是下一次的选举结果或者邻居的想法。这段话曾被误读为对20世纪中叶极权主义的预言，忽略了“富有远见，又很温和”的表述；它想表达的恰恰相反。托克维尔说的并不是个人会被意识形态化，被领袖或党派动员起来，相反，他们会变得愚笨，对共同的政治行动失去兴趣。这更像是奥威尔在《一九八四》中对无产者的讽刺描绘，他们同时被恐怖和官方炮制的“无产者草料”贬低至无能为力和无关紧要的境地

（既是对奥威尔的时代也是对我们的明天的讽刺）。也许，托克维尔的这段话与老式的保守党对福利国家可能产生的影响的批评有一些共同之处，现在看来已经不幸地越来越得到普遍接受的是，人们对此失去了控制。不过，这也是对消费社会的一种可能的批判。

民主的优点和辩护

在上卷的“多数人在美国的无所不能及其影响”一章中，托克维尔更为充分地表达了自己的担忧，没用那么多修辞；其前一章是“美国社会从民主政府获得的真正优势”，后一章是“在美国维护民主共和制度的主要动机”。美国人的优势在一定程 64
度上是历史性的。为革命发起的战斗，是为了维护殖民者对其原初和固有的自由所怀有的观念。其中没有如法国出现的那种惨烈以及社会连续性的暴力中断。他预见到了奴隶制问题的麻烦，认为这与美国普遍的民主和自由观念是不相容的，但他敏锐地看出，奴隶人群想要享有这些权利，而不是认为它们来自败坏的源头而试图加以摧毁。美国法律和个人权利受到广泛尊重，宪法和法律界保护着这些权利——托克维尔对小镇律师的实际能力和行事公正有些乐观。不过最重要的是，他注意到大多数美国人怀有公共精神（这种精神在共和国早期对其他旅行者来说显而易见），并愿意尝试几乎任何东西——普通人崇拜，后来被称为“做得到”精神。他说，尽管有“舆论暴政”，但用杰斐逊自己的话来说，正在不甚牢靠地出现一个“天赋和德性的天然贵族群体”。这些人能够保持贵族在技术和卓越方面的美德，让它们不致被特权和社会等级的旧制度荡涤。

最重要的是，他注意到没有中央集权的行政管理，有效的地方自治无处不在，新教教会数量众多且不受干涉，另外还有许多志愿者协会和互助俱乐部。他创立了一种新的政治理论，其基础不是国家主权，也不是雅各宾派声称代表的人民主权，而是后来的论者们所称的多元主义。民主不是“人民”与国家之间（雅各宾主义）或个人与国家（自由主义）之间的直接关联，而是中间组织、国家与个人权利之间的持续相互作用。现代以前
65 的思想家们把中间组织斥为令人沮丧的秩序或改革：霍布斯曾经把“社团”（corporations）称为“政治体内脏中的蠕虫”，“如果没有分权的主张，英格兰就不会陷入不久前的内战”。卢梭憎恨它们，视之为封建余孽，颠覆了普通民众的公意；边沁把它们整体视为“阴险的利益”，认为其妨碍了统一、理性的立法，这种立法以最大多数人的最大幸福为目标，而不是为了促进社团利益。托克维尔却看出了多样性的好处：

> 政治协会、商业协会或制造业协会，甚至是科学协会和文学协会，都是共同体中强大而开明的成员……通过捍卫自己的权利免遭政府侵犯，它们拯救了国家的共同自由。

不过他又说，一个社会是多元的还是单一的，这个问题在一定程度上只是关于先前历史的客观问题。道德因素总是存在的。对于相同的事件可以有不同的态度。他只是说，如果一个人在民主制度下对自由是认真的，就应该容忍相当多样化的群体利益，不论这有时候看起来多么不民主。他还区分了政府集权和行政集权。对他来说，民主政府应该积极而有力，这既是必要的又是

可取的——当然，要在宪法的界限以内。他说：“我们的目的不应该是试图使政府变得软弱、懒惰，而只应该是防止它滥用自己的才能和力量”，这意味着保留并鼓励省级和地方的行政职能。

他总是强调选择。在《论美国的民主》最后一卷，他脱开第一卷也是更著名的那一卷中关于美国生活的那些有时妙趣横生的细节，总结了自己的论据。他的论点简单、明了地表明，历史提供了多种备选方案，我们必须加以选择。自由是道德上的自由：先考虑某种情形的事实，而后选择和行事，使他人自由选择的空间至少不会受到损害，而“他人”既是个人也是群体。我们 66
不一定总是这样做，且通常不会这样做。我们可能不希望挑战多数的意见，或者可能会偏偏认为，始终如此行事是人之个性的真实而**可信**的标志。但托克维尔不过是说，我们应该选择以这种或那种方式行事，有道德地、有见识地做出选择，在此过程中如果我们把他人当作平等的人，对方也可能如此对待我们。

没有任何保护机制可以完全从一个国家复制到另一个国家，或者如果复制了，可能会产生相同的结果。历史和历史之间、文化和文化之间是有区别的。但是美国的例子足以表明，对某些法律和习俗的自觉而理性的忠诚，甚至能够约束多数自身。没有任何法律能够不依靠其背后的意志而运行，但是没有机制，仅有内心的意愿是徒劳的。所以对托克维尔来说，一如对亚里士多德来说那样，行动和认知必须齐头并进。与他人一起行事时，个人在最佳状态下也只能做好自己。国家如果根基深厚，地方稳固，就会强大，而效忠是有条件的。美国的联邦制并不会削弱权力。19世纪初期，英国托利党的辩论家们不断预言美国要崩溃，因为在制衡和分权体制下，没有明确的主权来源。但托克维尔暗示，联邦制是极为强大的权力来源。自由不会削弱权威，它是唯一能够不靠强力或欺骗而得到接受的权威来源。他的结论似乎是，如果在民主的多数主义和自由之间能够实现恰当的平衡，人们就能接受民主，发挥其优势。

也许他立论极好，或者像理论家们常常所做的那样，表明
了其他人独立得出同样结论的逻辑，以至于终有一天美国人和
越来越多的欧洲人会理所当然地认为“我说的民主”必定同时
意味着自由和平民政府——还有什么？紧张关系依然存在，尽
管我们现在可以称之为对民粹主义而不是民主有些怀疑。在法
国，当所有人都以自命不凡的乏味证据声称“托克维尔先生如是
67 说”时，它几乎成了流行语。就这样吧。使艰难的事实被接受为
平庸乏味，也是不小的成就了。在拙著《为政治辩护》的开篇，
我说我想“让一些陈词滥调变得意味深长”。现在我还是这个
68 想法。

第五章

民主与民粹主义

八十七年前，我们的先辈们在这片大陆上创立了一个新国家，它孕育于自由之中，奉行人人生而平等的原则。现在我们正在涉身一场伟大的内战，考验着这个国家或者任何一个如此孕育、奉行此道的国家是否能够长久存在……正是我们这些还活着的人……在此献身于摆在我们面前的伟大任务……即让这个国家在上帝的护佑下获得自由的新生，让民有、民治、民享的政府长存于世。

（亚伯拉罕·林肯于葛底斯堡，1863年11月）

献给亲爱的共和国，在她平等的法律之下，我与任何人都不分尊卑，尽管我在自己的祖国被剥夺了平等。我在此献上这本书，怀着强烈的感激和爱戴，这种情感本土出生的公民既感觉不到也无法理解。

（安德鲁·卡内基，《胜利的民主：共和国的五十年进军》，1887年）

图8　亚伯拉罕·林肯（1809—1865）肖像习作，马修·布雷迪绘于1863年

葛底斯堡演说是献给在最近的战场上建立的国家公墓的，
当时内战尚未结束，这段话试图把《独立宣言》中所包含的自由
观念以及宽泛的多数主义民主观念“民有、民治”，统一进美国 69
人的政治意识，使其变得神圣。林肯故意将《独立宣言》在道德上置于宪法之先，毕竟宪法没有提到平等，而且容忍奴隶制。反对废奴的联邦主义者愤怒地抗议说，总统在这次面向人民的演说中绕过了宪法，一如他在解放奴隶的宣言中所做的。但是，战争有时是社会变革的加速器，能强化共同的价值观。当首席大法官在战争伊始抗议林肯通过总统令把电报公司收归国有时，林肯曾说，坦尼应该在战争结束后把他的人派过来和自己的人谈谈。民主国家必须自卫。

到1850年代至1870年代中期，美国的例子表明（实际上仅仅它的存在就表明）民主是可能的，它正是个人自由和平民权力的这种混合，即便是在一个大陆国家，而不再是在拥有广阔腹地的城市。美国内战爆发时，欧洲各地的保守主义者曾放言“告诉你吧”，民主会导致无政府状态，正如他们通过研究经典作品和法国大革命所得出的那样。但是，北方的胜利、奴隶的解放、北方工业的经济实力、由国民构成的军队的爱国主义以及林肯的言辞给了他们答案。卡内基这本书的书名当然会提醒他们，民主的资本主义社会已经胜过了种植园主们的农业式“棉业集团”。

当载着移民的船进入纽约港时，首先迎候他们的是自由女神像，上面镌刻着：

送给我，你那疲惫而穷苦的人们，
你那拥挤着渴望自由的大众，

被遗弃在你海滩上的人们，

给我，在风浪中颠簸的无家之人，

71 我在金门边举起灯盏！

卡内基是对的。在他迁移到“自由之地”后，祖国仍然没有给他选举权，实际上他的父亲由于要求“一人一票”、每年召开议会和实行无记名投票，一直作为宪章派煽动者被监禁于苏格兰。美国体现了民主的原则，正如在20世纪的大部分时间俄国将要体现共产主义社会原则一样。难怪19世纪的哈布斯堡帝国和罗曼诺夫帝国都禁止教授美国历史。

难堪的事实

那个时候，谁也无法明智地把英国的议会制政体称作民主的。居于主导地位的是对绅士的崇拜，而不是对普通人的崇拜。卡内基读过罗伯特·彭斯的诗句：

瞧那家伙，号称勋爵大佬，

就会趾高气扬、瞪眼看人那一套。

虽然有那么多人对他言听计从，

也不过是个草包。

他身挂绶带勋章，

而独立思考的人

看到了只会发笑。

但是，讽刺和对民主的滥用只不过是使英国选举权的增长有意

地、惊人地放缓。尽管民众反响强烈，1832年《改革法案》与民主
并无哪怕些许的关联：它把旧的基于财产的选举权置于统一的、
更为合理的基础上，只把选民人数从43.5万增加到65.2万。黑
格尔把1832年以后的英国政制称为“世界历史上自由原则最为
深远的进步”。1867年《改革法案》是对工人阶级躁动的回应，比
1832年《改革法案》要重要得多，但是新的财产和地租资格限制
只是为了让熟练工获得选举权。到1869年，约三分之一的成年男 72
子获得了投票权，1884年的法案又把这个比例提高到约40%。格
拉德斯通和迪斯雷利都不相信完全民主的选举权：格拉德斯通是
道德家和渐进主义者，迪斯雷利则是宽容的机会主义者。但是，
如果说1867年《改革法案》并不完全民主，它确实创造了大量新
的选民，使得政党制度必须越出威斯敏斯特，有史以来第一次在
全国范围内组织和竞选。政党领袖既要在国内抛头露面，又要忍
受来访的数量极多的权力掮客，这些人口音粗鲁，分别来自伯明
翰、谢菲尔德、曼彻斯特和北方的那些工业城市。在主张妇女参
政权的女性们进行激烈辩论、发起公民不服从运动后，把妇女同
样纳入其中的普遍选举权，直到1918和1928年《人民代表法》出
台才走过了令人不安的阶段。战争的紧迫性（不是什么悦耳的理
由）改变了议会的意见。在工会和劳工运动日益增多的情况下，
民主实践普遍存在，但在议会和议会选举中则不然。

在英国自由党内部，关于政制是否应该更为**民主**的辩论越来越多——劳埃德·乔治在20世纪初便如此主张，但是他的上级阿斯奎思认为已经足够民主了，就这样吧。难道英国没有新闻自由、言论自由，地方治安官不容忍民众聚会吗？“公开发表议论的地方”（The platform）比选举权范围增加得更快。

图9　在庞奇先生看来，格拉德斯通和迪斯雷利是急于预见未来政治的高贵罗马人

保守的领导人重复了许多老式论点，讲到民主的危险之处，但是渐渐地，这个该死的以“D”开头的词前面的限定词被忽略了——“肆无忌惮的”“耳目闭塞的”“过于泛滥的”或“缺乏教养的”，民主的危险也被忽略了。类似约瑟夫·张伯伦这样的人物，与之前的迪斯雷利一样，极有信心地认为人民可以被“驾驭”。张伯伦的权力基础寓于“伯明翰核心小组”（caucus，从美国政界引入的术语），却在1886年格拉德斯通的《爱尔兰自治 73
法案》问题上与自由党决裂，击败了政府，让自己的追随者以统一党的面目与保守党结盟。他有本领以各种名义来驾驭新的选民，这些名义包括国王和国家、帝国式爱国主义、自由贸易，或者帝国的关税优惠——任何能够确保“为大众提供廉价食物”的东西。

“民主”并不是一个能够把国家凝聚起来的词。即使是在学术著作中，对英国的制度也不应该以民主相称。该制度首先是在报刊上被冠以“民主的”称谓，1916年中期在议会中该称谓则叫得相当频繁，当时英国在索姆河战役中的可怕损失呼唤着为“我们为之奋斗的东西”正名，这种东西比“国王和国家”更为伟大，后者不过是对工厂工人和新兵蛋子，尤其是身处凯尔特边缘地带的新兵蛋子更有吸引力的战斗口号（*sluaghghairm*）。当伍德罗·威尔逊把美国带入战争时，就官方层面来说，战争的目的变成了“拯救民主”——虽然国会随后对任何国际层面的民主都失去了兴趣，驳回了威尔逊提出的加入国际联盟的请求，为此联盟他倾注了希望，也用尽了最后的心力。战后工党的领导人急于与苏联共产主义拉开距离，显得更有兴趣利用现有的议会制度为“人民”掌权，而不是把这种制度往民主的方向上变革，使其社会主义色彩更淡。然而，工党运动中存在着紧张关系。当时“城市社会主义”力量强大，与工会和合作社一样，在决策过程及其平等主义目标方面都是民主的。有两种民主社会主义理论：一种是它应该在社会、准自治小团体、地方工会和地方政府的基础上建立起来；另一种是核心权力必须着眼于人民的利益、通过威斯敏斯特在白厅中获得利益——这是费边社的理论、韦伯夫妇的理论以及今天新工党（虽然有了“人民”的新形象）的理论。

沃尔特·白芝浩的名著《英国宪法》（*The English Constitution*，1867）曾被解读为一部客观的、描述性的作品，属于新型的现实主
75 义，就像马奈《草地上的午餐》，与学院派的画作恰成对比；如白芝浩在关于君主制的那一章所说的，“考察一位退休寡妇和失业青年的行为如何变得如此重要，真是令人愉快”。但是，还不只是现实主义。这本书是为1867年《改革法案》之争所展开的论辩。作者身为自由党党员，警示了民主的危险，也提出了规避这些危险的多种方式：“女王身份尊贵，她的作用不可估量”——那一章开篇便是这句话。在这本书1872年第二版的引言中，他说得清楚明了，生怕人们读不出弦外之音：

> 用平实的英文来说，我担心的是两党都会争取工人的支持；只要他告诉他们自己喜欢什么，他们便都会答应按他的意愿行事……对于一群贫穷、无知的人来说，两个教养良好的富人团体不断主动遵从他们的决定，并争夺执行这些决定的职位，我无法想象还有什么比这更为腐败、更为糟糕的了。如果以这种方式工作，人民的呼声（*Vox populi*）将变成魔鬼的声音（*Vox diaboli*）。

白芝浩继续说，他最担心的是持久不变的“下层阶级的政治联合……既然他们当中这么多人有选举权……担心无知凌驾于教导之上，人数凌驾于知识之上”。至于他的担心到头来为什么是杞人忧天——即使工会运动和工党在不断壮大——则是另一回事。它的重要主题或许是，托利党和自由党的大人物们不得不学会扮演煽动家，就像罗马贵族一样；白芝浩用对那句口头禅，即“人民的呼声，上帝的声音”（*Vox populi, vox dei*）的蔑视来呼应他们的担心。当格拉德斯通（又一次）从退隐状态中复出，要求英国干涉土耳其对亚美尼亚的暴行时，他在**从火车背后**展开的著名的洛锡安郡竞选中发表演说，还在其他议员的选区中发表演说，让人立即担心英国政治正在变成美国式的。 76

民粹主义

美国的大众选举权（当然，妇女和黑人是被无视的）传播了一种政治风格，这种风格当然不是全新的，却从谨小慎微、有理有据的论证方式中挣脱出来，仿佛实际上是在试图说服；那就是早期共和国的“公民文学”的风格，甚至是有关奴隶制和分裂国家的辩论的风格，也是英国议会辩论的风格。这种老式风格适合于人数较少的政治阶层，他们往往通过友谊，甚至家族渊源，至少是通过社交熟人和共同的行为准则结合在一起。但是，要想在群众大会上发表演说或者呼吁大众选举权，则需要领悟和激起共同情感的力量。最伟大的艺术就是率而直言，把简单的语言与常识和智慧结合在一起，就像林肯那样——当时在他那些流传最久、最为著名的演说中，那种朴实无华、不甚体面的语言受到了极大的批评。但是，最恶劣的艺术堪称，而且也的确是，"煽动暴民"。

民粹主义经过演变，意思上有许多指向，我把它视为一种试图激发多数人的政治和修辞风格，至少是他们的领导者热切相信的多数人（一如现在的"道德多数"，显然是少数派），他们曾经身处或者认为自己身处政治体系之外，受到教育良好的统治集团的轻蔑和鄙视。如果说上流社会的文明辩论是在法院和民选议会中得到磨砺的，民粹主义演说者的技巧则往往是在福音派布道和培灵会上得到磨砺，或者是以其为范例的。当今时代，我们很容易忘记布道的影响，至少在英国是如此。美国革命中的布道影响的人数更多，影响力可能不弱于城镇会议上的辩论或立法机构中的极少数议员。在英国，第一次由普通人参加的民众大会是在卫斯理复兴运动中。更早些时候在苏格兰，"国民誓约"[1]的盟约人在田野里或山坡上进行类似的聚会，却受到了
77 镇压；所以，直到两个世纪之后的宪章运动以及后来的工党运动，才在公共建筑或城镇广场举行了鼓动性的会议。

在美国，我们现在所说的"民粹主义"或"民粹主义民主"，表现为乡村利益与城市的对立。因为在这两个地方，居住着杰斐逊和杰克逊的大部分"平民"。直到1930年代，大多数美国人才居住在人口超过3 000的城镇。历史学家理查德·霍夫施塔特发现，美国民粹主义的独有特征"很大程度上来源于美国的企业家激进主义传统"。在其他地方，民粹主义植根于与土地捆绑在一起的农民，他们部分由贵族阶级或地方上的大庄园显贵所有，就像在沙皇俄国，甚至是今天的南美和印度一样。而美国农

① 1638年苏格兰长老会教友反对英国国教会的誓约。

民，无论其农场多小，无论多么贫穷，都是终身业主和强烈的个人主义者；他们会出于共同的不满而采取集体行动。共同的敌人一成不变，包括“政府”（今天的“公民民兵”讨厌政府）、银行家、铁路公司和资本主义制度——不知何故，天主教会、犹太人和黑人常常也要对贫困农民的悲惨命运负责（霍夫施塔特称之为“美国政治中的偏执”，也是他一本书的书名）。但是，如果农民感觉受到了迫害，那是因为他们事实上经常有此遭遇。他们选择的特许专卖补救措施往往过于简单，不适于缓解所遭受的痛苦。民粹主义演说家威廉·詹宁斯·布赖恩以“黄金十字架”演讲横扫了1896年的民主党大会，要求恢复银币，与“钉在十字架上的黄金”一起成为全国货币。作为民主党总统候选人，同时又得到人民党的支持，布赖恩获得了可观的6 502 925票，麦金利得到的票数为7 104 779。民粹主义作为一项全国运动的最大胜利是禁酒令，即1919年的宪法第十八条修正案。但是，今天“道德多数”的部分目标和策略就属于这种类型。没有人向普通人推理《圣经》的字面真理，他们的呼声总统们听得到。

霍夫施塔特引用了1893年艾奥瓦州一位小册子作者的话，78
庶几对此作了概括：

> 在人口众多的国家，每当农业上的奋进作为获取财富的手段成为次要之事时，就可以肯定，已经超乎其上的各种职业是在一些**不正常和不公平的人为**刺激下运行的。

这几乎是卢梭又现身了：人为地威胁着自然的，这是乡村和自然的价值观，与城市的价值观以及诱导的人为知识之间长期斗争中的一个事件。当然，对此还有另外一种说法：农村是“乡下迷信”的所在地（正如马基雅维里在欧洲所说的，以及亨利·门肯在美国所说的那样），也是反动军队的招募场，这些军队对自由公民的那些吹毛求疵的价值怀有敌意或漠不关心。或许，我们应该嘲笑席勒发起浪漫主义运动时的恐慌，当时他听说斯瓦比亚[①]有一家**工厂**；不要忘记，布莱克那“黑暗的撒旦工厂”虽然黑暗，却关乎工业国家生活水平的大幅普遍提升，后者又与有效的民主有关。

资本主义民主与自由主义

到1886年，当那些诗句出现在新竖立的自由女神像上时，美国的民主认同正在被重新想象。如报纸编辑霍拉斯·格里利所吟咏的，有人会继续说“去西部，年轻人，去西部”，但在这片土地上劳作正在失去吸引力，对移民和本土出生的人来说都是如此——除了淘金热的“快速致富”诱惑，或者更像是四轮篷车上所写的“要么去加利福尼亚，要么破产！”，随后便“破产了”。《从小木屋到白宫》（*From Log Cabin to White House*）是一本颇受欢迎的书，后来成为一类大众文学的滥觞，只是此后的那些版本在某种程度上不得不变成“从住所到会议室”。自耕农的早
79 期共和主义理念正在让位于城市资本主义的美德，以及对城市大众的关心或恐惧。某种在美国政治中渐渐演变成的（不成功的）“民粹主义反叛”，其成因既是由于失去了尊重，也是由于贫穷、农业大萧条以及不断增长的银行负债。城市资本主义必须

① 德国西南部的一个前公爵领地。

找到民主的合法性。

这种合法性在大众文学和社会理论中都能找到。就在“强盗式贵族”的时代，其中也包括内战后的铁路和钢铁大亨以及银行家（大家都知道，皮尔庞特·摩根曾问克利夫兰总统：“朋友之间的宪法是什么？”——当今的石油大王和矿业利益集团则更为谨慎），涌现出一种大众文学，即所谓“成功小说”。其中最有名的或许是霍雷肖·阿尔杰的《从赤贫到巨富》（*From Rags to Riches*）。民主资本主义的口号变成了“顶部容得下所有人”。阿尔杰努力文饰这种谬误（奥威尔在很久以后则嘲笑竞争性社会的道德，称“竞争的麻烦在于有人要赢”）。在《卢克·拉金的运气》（*Luke Larkin's Luck*）中，卢克是浪迹街头的贫穷孤儿，却勇敢地拒绝加入由一个叫米奇·麦奎尔的人当老大的街头帮派，诚实而明智地把给绅士们看马和跑腿挣到的每一美元一个子儿一个子儿地存进银行。阿尔杰告诉我们，米奇·麦奎尔是“民主党人中最坏的那一种”，他“在选举日威胁可敬的选民”（大概是从坦慕尼协会[①]拿了好处），总的来说他“说话大声，举止粗暴，目无上级”。卢克·拉金则是“民主党人中最好的那一类……是同僚们的好帮手”，他尊重法律，工作勤勉而诚实，一有闲暇就前往免费图书馆，努力提升自己。不过，问题很明显，即顶部没有空间容纳每个人。然而，当一位百万富翁的女儿落水时，卢克碰巧在东河[②]边散步，冒着生命危险救下了她。在其他类似的小说中，卢克们则拦下受惊狂奔的马群，救下无人驾驭的

① 由慈善团体演变成的一个民主党组织，1789年成立于纽约，在19世纪劣迹斑斑，成为腐败政治的同义词。

② 美国纽约州东南部的海峡，位于曼哈顿岛与长岛之间。

马车中其他百万富翁的女儿们。在每一种情形下，主角都在账房得到一份差事，随后迅速高升，有时还娶了那家女儿。阿尔杰
80 左思右想，“其中有一些运气，我承认”，但是继续声称，要不是卢克有美德在先，运气是不会来的，而且要不是有这种美德，他也不会在得到的差事上表现那么好；同时强调，他想要一份工作而不是一把美元作为报酬。辛勤劳动、美德和一点点运气，成就了所谓的“民主的财富福音”。这**的确**是民主的，因为即使顶部容不下所有人，世人还是认为，不管身处哪个阶层，任何人都可以登上顶部。当时的大多数传教士（今天的许多传教士也是）认为，财富是天国对美德的奖赏，尽管富人有义务从事慈善事业，有义务慷慨仁慈——这是他们自己的最佳判断。

从理论上来说，民主资本主义的合法性，可以从赫伯特·斯宾塞的《人与国家》（*Man versus the State*）在美国的极度畅销和超级人气中窥见一斑，其程度更甚于在这位预言者自己的国家里。他的社会学是把对不可避免的进步，即“社会达尔文主义”（托马斯·赫胥黎“自然法则”，即“适者生存”的变化形式）的信仰，与极端的自由放任，即自由市场理论有力结合起来。他主张，社会是一个**系统**，如果国家不加干预，会实现自然的平衡：每一次改革的尝试几乎总是打破这种平衡，只能是用一种恶代替另一种恶。如果说有时社会确实露出“腥牙血爪”，那也是不可避免的，因为进化方面的发展在把不适者从适者中淘汰。该学说有一小群论者，其中既有学者，也有通俗作家。它受到新晋富人的欢迎，这些人确实遇到了难题，不是关于国家所有权的，几乎也无关社会主义（尽管其中有些人担心它处于理性和局部原因之外），而是与国会对运河、铁路、公用事业、公司法以及公

共土地的使用大有关联。这些监管措施往往是对地方政治压力的回应；监管者于是与传统富人和老的统治精英的父权思想联系在一起，在托克维尔的意义上不再反民主，当然也不反资本主义，而是倾向于以一种实用主义的方式过度干涉自由企业，还自认为是在负起责任。“自由主义者”这个词开始附加到他们身 81
上，不论他们在政治上属于共和党还是民主党，这一点又主要取决于他们居住在国家的哪个地区。

“自由主义”已经出现了两种用法，它们将持续存在，各司其职。一种用法实际上是自由放任的资本主义和自由市场经济学的同义词。另一种用法则更强调政治和文化方面。个人自由必须最大化，但是所有人的自由都可能受限于少数人不受约束的自由。因此，必须强加一些监管体系——反托拉斯立法成为其中的范例。但是公民自由也需要特别保护，既是针对滥用自由企业精神，也是针对滥用民主选举权：法治（宪法，特别是《权利法案》，以及联邦法院）必须限制个人主义。20世纪头十年的“国家公园”运动表明，这种自由主义中蕴含的文化价值愿意站在资本主义更为狂野的一面，甚至把矿业、铁路以及不久以后的石油利益都承担起来，并取得了一些成功。

资本主义民粹主义

卡内基的《民主的胜利》既显示了这两种自由主义之间，也显示了它们各自与个人主义之间的紧张关系。他对适者生存的理解完全拘泥于字面，以至于要面对资本积累问题。那个白手起家的人是民主的英雄，但他应该如何利用自己的财富？他反对“富人的儿子”，为之争辩。这样的“儿子”钱不是自己挣的。

继承的财富腐蚀了赚取大量财产和守住财产所需的美德。他说:“死时富有的人应该受到诅咒。”进化规律要求百万富翁散出钱财。当然,进化也要求他授意手下的管理人员派遣一驳船武装的平克顿的人,以最血腥的方式破坏伯利恒钢铁厂中毅然决然、不顾一切的罢工。但是,卡内基世界和平基金会是真实存
82 在的,资金充足。直到1914年,卡内基都和所有自由主义者一样认为,新的全球经济以及关税壁垒的降低将确保资本主义国家之间的和平,确保战争逐渐消亡。

但问题仍然是,如何在不干涉进化过程的情况下在国内花钱。赫伯特·斯宾塞曾在一场由纽约的金融家们为他举行的盛大宴会上发表演说,讲到甚至连在乞丐的杯子里放下一毛钱都是轻率的极度不公。他拖长声音说,乞丐把这一毛钱拿去买啤酒或香烟,而不是用来拾掇自己以寻找工作,这一点都不奇怪。对穷人的救济只会使那些不适于进步的人长期存在。那么,如何不给人钱财又帮助他们自助呢?对于卡内基来说,答案突然变得很明显,就像长期以来对密尔来说那样明显:进行教育,对卡内基来说则更为具体,即提供免费的公共图书馆。他不仅在美国,而且在生身之地苏格兰四处建馆(不经意间使许多小自治市倾家荡产,因为卡内基捐赠建筑的唯一条件是要用书来填满,而图书馆可供选择的最小样板通常也嫌太大)。身处芝加哥的爱尔兰裔幽默作家杜利先生曾从卡内基的管家那里听说,一个流浪汉在门口要一杯牛奶和一个面包卷。“不,不要让那个穷人再穷下去了。给他一座图书馆。”卡内基还买下了英格兰和苏格兰的省级报纸,代表格拉德斯通和自由党的利益运营。这是不是出于寻求特殊待遇的动机,而粗暴侵入另一个国家的政治?

远远不是。他不是默多克，不需要从格拉德斯通那里寻求优待。他只是想加快民主不可避免的进化过程，英国在此过程中有些落后于美国了。

当然，还有另一种城市民粹主义者，也是城市资本主义民主同样奇怪的产物。他们的确发放了一点牛奶、一些面包卷，还提
供了许多岗位：爱尔兰移民的新的城市政治核心组织，后来还
包括意大利移民的。阿尔杰的米奇·麦奎尔将为他们工作，并
且确实经常威胁相当数量的选民不要参加投票。但是在其他城
市，坦慕尼协会之类组织的老板们是属于人民并服务于人民的， 83
尽管林肯说的“受治于人民”（by the people）还看不出来。坦慕
尼协会的一位领导人（*sachem*）兼市长理查德·克罗克的代理
官员，一个名叫乔治·华盛顿·普伦基特的人，有过一个著名的

图10　伍德罗·威尔逊会见国会议员，由马克斯·比尔博姆根据想象绘制

哲学思考："丝袜原则固然很好，但是它们无法让你在第十四选区走得很远"，在该区"谈论莎士比亚也是徒劳"。当然，对选举腐败的这种友好的宽容，只要是由人民做出的，就并没有完全消失，并且远远越出了大城市，有时甚至决定着总统选举本身的结果。

所以，自由主义民主在美国有不同的模式，但在总体上占主导地位的意识形态是自由主义。美国并没有欧洲意义上的真正的保守主义传统，也没有社会主义。关于保守主义和社会主义都有许多著作问世，但两类著作对政治和文化都没有任何持久的影响。这就是我在美国民主上着墨颇多的原因，因为与旧世界那更为意识形态化的政治分歧和阶级-文化分歧相比，在美国，宪政和个人主义的力量以及民粹主义的弱点对全世界来说依然无比清晰。路易斯·哈茨在《美国的自由主义传统》（*The Liberal Tradition in America*）中写道："原子式社会自由这一现实，是美国政治思想的主要假设。"他认为**那项传统**是自由主义的。对于欧洲人来说，这不过是悖论，他们的传统一直是保守主义的，他们对民主，甚至自由主义民主的概念本身一直有些不安或困惑，无论我们如何自称。H.G. 韦尔斯在1906年一本富有创见的旅行书《美国的未来》（*The Future in America*）中说：

> 美国社会……并不完全对应于整个欧洲社会，而仅仅对应于其处于社会中层的大众，对应于贸易和制造阶层……它是欧洲有机体的中心部分，既没有怀着梦想的头部，也没有从属于人的脚部……从本质上讲，美国是一个由中间阶层演变而来的社会，所以它的基本问题就是属于现

代个人主义社会的，明显而清晰，不受任何封建传统的束缚和映照，无论是在顶部还是底部。

当代民粹主义

进入今天的世界，民粹主义只有一个相当有趣的例子。两年前，伦敦周日小报《世界新闻报》的编辑决定公布已经获释的恋童癖患者的地址。与此同时，《老大哥》电视节目正在第四频道播放。在那场游戏中，观众每周可以投票，一个一个地选出把谁从封闭的社区中撵出去，每一个时刻都进行电视转播，直到（不完全是）仅剩下获奖者。所以，当卡罗琳（不是吗？）获释或被踢出的时候，人们可以很容易地从朴次茅斯一个遭到指控的、获释的恋童癖患者家门外面愤怒的暴民场景，切换到《老大哥》工作室外面的那些场景。当然，一群暴徒面容丑陋，恨意满满，有暴力倾向，而另一群暴徒尖叫着“我们讨厌尼克”时，则兴高采烈，很是滑稽。一群是真的，一群是做戏，但都是暴民。

汉娜·阿伦特在《极权主义的起源》（*Origins of Totalitarianism*）一书中，将“人民”与“暴民”区分开来。人民在政治上寻求有效的代表，暴民则仇恨自己被排除在外的社会。有趣的是，她称暴民为**所有**阶层的残渣（被捕的足球流氓的社会阶层和职业实际上比许多人认为的要混杂得多）。她声称，暴民是极为个人主义的，所有人在某种程度上都想当老大；除非出现一个有魅力的首领，把他们身处社会之外的感觉合法化，把他们的共同仇恨凝聚起来，使之比间歇性的骚乱延续更久。当然，我们的两组暴民从社会中遭到排斥的方式迥然不同：按社会剥夺的许多标准衡量，处于破旧的保罗斯格罗弗住宅区里的暴民，是从客观上被排除在外的；仿真陈述工作室人群中的暴民则是主观上遭到排除的，他们乐于将自己排除在严肃和社会责任的传统观念之外。我们不妨把这两者分别称为充满仇恨的暴民和虚张声势的暴民。

因此，第四频道实际上为虚张声势的暴民创造或改编了一档精彩的娱乐节目，把游戏节目与降格的、弱智化的纪录片聪明地结合在一起，使部分人开始认真关注民粹主义如何在自由民主的文化中抬头，其原因至少有四个。首先，它创造了自然主义的幻觉。几乎所有的电视剧，不只是肥皂剧，都是为了让我们看与己类似的人做容易识别的事；很少有想象、幻想或魔幻现实主义，虽然乍看之下，出现谋杀、强奸、其他暴力犯罪甚至风流韵事的频率从统计学上来说是异常的。他们收窄而不是拓宽想象力的空间。不过，大多数人都知道所有这一切都是虚构的。但是请注意：记得我曾不得不告诉一位搭档的11岁养女，我们在电视上看到的牛仔和印第安人并不是真的被杀了。她问我为什么会有人愿意干这种事。这是仿真陈述的模糊区域，甚至成年人
86 也会被愚弄或犯糊涂——那些电影**知道**肯尼迪为何被杀，或者会还原一位沙特皇室公主遭到的合法却不公正的死刑判决。我们经常处于新闻与娱乐彼此混淆的世界。第四频道愚蠢地声明，《老大哥》节目是在严肃地报道人们在压力下的反应。考虑到监视录像会遭到大幅删减和编辑，幸福的家庭又深知自己可能出现在镜头上，这（用边沁的话来说）就是在踩着高跷胡说。

其次，《老大哥》赋予了观众宣判的权力，让他们拥有民主参与和大众权力的幻象，在这种情况下还是一种幸福的幻象，与拿到恋童癖患者的地址不同。“把他钉到十字架上，钉到十字架上！”不仅小报鼓励这种心态，英国广播公司也越来越如此。

《今日》节目会问受害者的亲属，该如何惩罚犯罪者；或者出于明智的简练，采访一个普通人，以获取（经常是）一种轻率、无知、充满偏见的观点，仿佛能代表“人民”；好吧，至少是一个**真实的**声音，一个把各个地方的民粹主义联结起来的充满魔力的词，不仅在艺术领域，也在新闻以及偶尔在政府事务中。

再次，《老大哥》吸引了一大群暴徒来到现场，观看他们投票选出的人从与天堂相反的处境中被驱逐。主持人达维纳风风火火地穿过他们，就像《爱丽丝》中一个狂乱的后现代主义盎格鲁–撒克逊信使，诱导并告诉他们台词，但是所有的脚本当然都不同于朴次茅斯的暴民头子。**她**恰当地体现了聒噪的琐碎浅薄或纯粹的漫无目的。不完全是希腊的民主女神。然后，虚张声势的暴民就可以回家了，在电视图像上看自己扮演充满仇恨的暴徒。这就是当代的现实。

最后，《老大哥》完全改变了奥威尔隐喻的思路。虚张声势的暴民中如果有任何一人去读《一九八四》，必定会感到失望。奥威尔的“一号空降场”处于极权主义的专政统治下。电视屏幕断然不是为了娱乐。在这里，他没有注意到在鼻子底下生长的东西。但是，今天的屏幕**正在**被用于监视，即使现在主要是为了娱乐。《老大哥》节目假装是人民或虚张声势的暴民的声音。好吧，我们是民主国家，不是吗？为什么人们不能拥有想要的东西？哪怕是一种民主的专政，或者托克维尔所说的多数人的暴政？不需要认知、理性讨论，也不需要求助于权威和经验。这就是民粹主义者所说的精英主义。那种情形我们一点也不想要。但要指出的是，如果电视和小报中那些躲在舆论背后又出于商业目的煽动舆论的人，真的怀着严肃的态度试图确定它是什么

（不仅仅是通过察看数字、电子邮件、读者来信，当然还有编辑的直觉），民粹主义取代以善治、代议制民主和理性辩论为基础的社会结构的理由会更充足。但是，专业的深度民意调查成本高昂。更为简单、花钱更少的做法是，派个记者去寻找一个丰富多彩、善于表达的个人。一想起比阿特丽斯·韦伯令人泄气的格言，即民主并非谬见的叠加，民粹主义的潮流就让人震惊。不过等一下，说理、自由和人权必须限制多数人的意志或与之相互作用吗？比如，看看死刑问题。

在《一九八四》中，奥威尔自己笔下老大哥支配他人的方式，与《老大哥》节目中的情景喜剧、游戏节目以及了不起的空洞言行有一些相似之处。党员受到严密控制，但是党内核心无意把无产者由间歇性的暴徒变成党员。他们直接因文化上的降格而被排除在政治范畴之外，趋于弱智化，甚至避免想到去要求公平份额。记住，“真理部”有一个为无产者准备的特别部门：

这里出版“垃圾”报纸，内容尽是体育、犯罪、占星术、耸人听闻的五分钱一篇的柔情小说、充斥着性爱情节的电影，以及完全通过机械手段、在一种被称为“作曲机”的特殊万花筒中谱成的感伤歌曲。甚至有一个完整的分区，即“情色区”，专门炮制最为低劣的色情文学。

这不是对斯大林和希特勒政权的讽刺，两位先生都传统而拘谨，尽力对大众进行洗脑并加以动员。奥威尔的描写是对英国大众媒体的野蛮讽刺，是十足的、斯威夫特式的夸张或漫画，其间遍布着他那带有嘲讽意味的悲观主义。那时只有一份报纸能对号入座，即《世界新闻报》。

奥威尔极为认真地声称，资本主义面临着至少在形式上有文化且自由的选民，它只能通过文化上的降格，即有意不充分利用文化水平的资源和潜力，来维持一种极端不平等、不公正的财富体系。他是否对哈贝马斯和新马克思主义的法兰克福学派有所了解？他们正是这么主张的。我对此表示怀疑。老乔治可能是自己想出来的。煽动充满仇恨的暴民的那位编辑，可能以为她凭本能就理解普通民众，或者她可能只是在卖报纸。但她无疑以民粹主义的方式激起了一场暴民反动，相关问题需要的是敏锐而信息充分的领导、严肃的民主讨论以及谨慎而富有同情心的思考，而不是仓促的行动。令人高兴的是，媒体中一些理性的声音开始提醒我们，与道路上有数百人死亡相比，去年只有五起儿童谋杀案，记录在案的儿童虐待中有98%发生在家庭内部。小报所报道的儿童虐待案、谋杀案、福利乞讨者、无能的医生等，通常都经过充分调查并且是真实的（如果他们弄错了，会有诽谤之虞），但这些案件往往在数字上微不足道，很少主动寻找或试图找到总数或比较的数字。恐慌能制造新闻，比较性的统计则单调乏味且要求苛刻——那是精英的做派。

在这起规模不大却很能说明问题的事件中，相比于对自发 89
维持治安者的斥责，政界要员们以强烈得多的语气更为频繁地谈到需要新的法律（除了声称有些报纸需要立法管制之外，没有给出明确的理由）。鲍德温于1936年责备比弗布鲁克，说他行使“权力却不承担责任，那是历代娼妓才干的事”。我们能想象当代的某位总理或总统对默多克这样说吗？但是鲍德温生活在精英主义而不是民粹主义时代。或者说，莫非那更多地是政治勇气的问题，诉诸人民最好而不是最坏的本能？也许需要的不是新的法律，人员配备水平和地方保障服务的培训也属于这些问题的一部分，就像那些不幸阶层中的教育落后和无法无天，其问题的根源在很大程度上寓于经济中。（社会主义者和自由市场论者当真都会同意？）但是，我们并不愿意为集体需求付出个人代价。有竞争力的减税政治一直在实施之中，个人主义必须有所限制。奥威尔深知公众感兴趣的内容和公共利益之间的区别。他写那本书的原因正在于此，书中的警告已经遭到了冷嘲热讽的蔑视，其本身在《老大哥》节目中就被挪用为“无产者的饲料”。关于事务的决策，必定存在着某种更好的民主方式，而不仅仅是民粹主义的方式。民主的民粹主义模式更多地是一种唤醒政治而不是理性政治，也是一种偏离严肃问题的政治，这些问题需要以自由主义民主或公民共和的方式来解决。

第六章

现代民主的条件

为了民主，我们必须让世界安全。

（伍德罗·威尔逊，国会演说，1917年4月2日）

有一个老人，他以为
街边的门部分关闭了，
但是一些硕鼠吃了他的外套和帽子，
趁着那个庸碌的老先生打瞌睡时。

（爱德华·李尔）

当美国国父们声称“所有的政府都立基于人民的同意”时，他们要么明显说错了，要么就是在假定**应该**如此；他们认为政府这样做的时候人民总是温和的。他们相信，他们已经实现的，未来某天会广泛普及。他们已经是一个由各州构成的邦联，拥有某些形式的代表制议会，无论权力多么有限，它们都属于希望独立于任意外部统治的公民。那句有效的集结号角，即“无代表不纳税”，实际上隶属于一条更为一般的主张：“无代表则不服从”或“只有民选代表制定的才是法律”。后一主张正是密尔在《代议制政府》中要表达的意思，也是今天大多数人用“民主”直接指称的。但对于大多数人来说，当价值和利益冲突或者小册子
91 在思想上引起扰动时，都想补充说，即使以民主方式制定的法律也必须尊重个人自由，尊重对人权的某种可以接受的表述。所有的政府都没有得到同意，除了在一种清晰却几乎微不足道的意义上看，即使是一个军阀，如果想要睡觉也必须相信警卫，这是某种意愿之茧或诱导的同意。但是，在工业化和全球化的现代世界里，任何想要调控这种社会转型的政府都需要大众的同意——这就是为什么那么多军事独裁政权自称是民主的，而且在这个词的原始意义上也的确是民主的：它依赖积极的大众支持，而老式的农民社会中的专制君主或独裁者则无须如此。

所以，现在我正在与一项基本的误解搏斗。严格地说，我是在一本以“民主”为名的书中叙写民主，但是大多数读者会认为“民主”总体上等同于善治或政治正义。这个词通常被用于我们最看重或者应该看重的东西，而不是作为善治的重要组成部分。善治在制度上和社会意义上都应该是民主的，但还要包括个人自由、人权、经济进步和社会正义，而不仅仅是政治权利的平等。说民主是善治的必要元素，但既不是完美典型也不是整体的形式——如果这听起来又像是亚里士多德所说的话，那确实如此。那则关于“民粹主义”的小故事应该表明，民主精神可能会失控。我听到过好心人要求学校应该民主。唉，那是卢梭式的胡说：天真比知识更优越，或者本身就是一种知识。不过，我在其他地方曾强烈地主张，学校应该比通常情形下**更加**民主。

我认为公民教育对民主是一种推动，但民主的学校就用词来说是矛盾的。说某个政府或任何其他形式的权威在以非民主的方式行事，要比说它是在**真正**民主地行事要更为容易，除非它在基本意义和最低程度上在民主背景下实施治理：面临定期的重新选举并承认选举结果、不得不公布其决定（有时甚至要公布做出决定的过程），同时允许媒体上的公开批评。在我的理解中，大 92
多数人用民主所指的意思，就是希腊人用“政体”（polity）或者仅仅是政治统治所指的意思，这种制度允许在无处不在的价值和利益冲突之间做出和平的妥协。这就是我写了一本《为政治辩护》而不是《为民主辩护》的原因。所以，对民主的欢呼应有所节制，而不是毫无保留。

现代民主的条件

但是，关于“民主”的歧义和“危险”已经说得够多了，我听起来可能反民主了。还是迁就主流用法，稍作妥协，来追问一下**现代**民主的条件吧，即使我可能迂腐地倾向于说“政权”甚至“共和政体”；毕竟这是政体的形式，是真正的问题所在。

关于现代民主的条件，如果从历史和比较的视角来思考那些限定着但从未完全决定政体形式的关键因素，我们就能比通 93
常认为的理解得更加准确。任何一位称职的学者都会在不同的“概念框架”中定出不同的因素列表，来激发学生思考或用新词来折磨他们。但是，我认为以下诸如此类的因素对于所有形式的政体都很重要：居民的角色、官方学说、典型的社会结构、精英的性质、典型的政府机构、经济类型、财产理论、对法律的态度、对知识的态度、信息的传播、对政治的态度。

图11　克丽斯特贝尔·潘克赫斯特在特拉法尔加广场敦促举行妇女选举权集会，包围下议院。1908年10月11日

我们来看看现代民主为这些因素所采取的形式，有时与独裁形式甚至是极权形式加以对比很有用处。

- **居民的角色**。现代民主国家鼓励自愿参与和个人参与，但不是强制性的。个人可以自由地做出或不做出公民行为，于是忠诚度就有了差别。只有在战争爆发时，国家才能动员全体居民，否则人民可以在公共生活和私人生活之间自由进退。对自由主义者来说，公正的法律允许把私人生活和商业活动推到极致；对共和主义者来说，若无活跃的公民参与，国家是没有力量的，私人生活也是不完整的。与独裁政体的对比是显而易见的，后者仰赖被动服从和社会顺从（“让睡着的狗好好躺着”）而发达；与潜在的极权主义政权的对比也很明显，后者要动员其居民进行社会改造。

- **官方学说**。在民主国家，忠诚是由民众的同意所要求和给予的，并且是基于功利和世俗的理由：国家必须在此时此地，而不是在此后显示实际的利益。如果说权威并不真正是统治者和被统治者之间的契约，通常却又口说着契约主义的言语，就好像权利依赖于责任一样。多样的学说是受到容忍的，只要随后可能发生的行为不直接威 94
胁到社会秩序或国家安全。在大多数政体中，效忠是一项虔诚的职责，国家及其统治者被视为神圣秩序的一部分。在现代有极权主义倾向的国家中，效忠要归功于一种自称对历史进程了然于胸、未卜先知的意识形态，甚至内心的保留也会威胁到国家的安全。
- **典型的社会结构**。所有的古代和现代权力机构都同意，一个庞大的中间阶级是必不可少的（马克思主义者曾经把现代民主作为"资本主义和资产阶级的赝品"摈弃，部分原因正在于此）。过多的财富握于少数人手中可能会威胁到民主进程，极端的贫穷则把人从正常的政体中排除出去，并会威胁到秩序。然而，什么是极端的，在政治上总是存在争论。"中间阶级"并不必然意味着其他不掺杂的阶级。后马克思主义关于无阶级社会的观念，就是中间阶级或资产阶级的无阶级状态——美国的、澳大利亚的、瑞典的、荷兰的、战后德国的，以及布莱尔或新工党的理想，即使现实远远地落在后面。独裁政体具有高度分层的阶级或种姓制度。极权主义政权的目标是平等主义，实际上却发展起一套阶级体系，以政治和官僚职位为基础。

- **精英的本质**。通常是一个相当稳定的政治阶层，享有一定的声望，但与商界、知识界和社会精英分享着地位，并且不同程度地向来自教育机构的候选人开放，允许其渗透，这些机构的设立部分目的正是为了吸纳人才和鼓励流动性。流动性和开放性的程度永远是有争议的，无论是从意图还是从结果来看；现在，政治精英阶层的威信似乎正在下降或有下降的危险。在独裁政体中，精英阶层通常是自我延续和排外的，而在极权政权中，理论上是一个以充分的社会流动为基础的精英管理的社会，但实际上在更多时候是一个自我延续的内部党派，由一个相对较大、更符合精英管理性质的外部党派来支撑。

95 - **典型的政府机构**。议会、议院、国会，都是由选举产生，议员们公开辩论并允许报道，处于多党制度下。在地方或地区性政府中，几乎总是有来自上层的部分权力下放或旧权力的沿袭。选举制度几乎变化无穷，争论不休。（在英国“票数最多者当选”可以说是不民主的，当然不具有代表性；但答案是，问“这民主吗？”是错误的问题，正确的问题是问“是否有助于形成透明、良好、稳定的政府？”）在独裁政体中，王室或宫殿构成了一个清晰可见、令人敬畏，通常在军事上能够防御的社会中的社会。宫墙内可能有内部政治，但不是公开的。短时间内或许会出现竞争对手的王室——“你们不来宫廷吗？”“去谁的宫廷，国王的还是汉普顿的？”极权主义国家的典型机构是一党制。

- **经济类型**。在源头、理论和精神特质上是市场经济或资本主义经济，实际上却通常是一种混合经济，有时是有意如此或决心如此，就像是在社会民主或民主社会主义的政权中。大多数独裁国家（和军政府）都处于农业社会。试图实现工业化要么导致民主化，因为权力分散了，并且需要批评；要么导致权力的集中，似乎趋向极权主义，但通常会导致经济和政治的长期动荡。真正的极权主义政权是战争经济，无论是否处于战时，都拒绝“纯粹”以经济为衡量标准。
- **财产理论**。在现代民主国家，拥有财产仍然是个人价值的标志，最初是道德上的价值，现在则经济意味更浓。有些人认为，上帝派发奖品，却不对运动员的身体障碍负责；但是，即使是在世俗方面，占有财富也需要某种正当性。罗尔斯拒绝字面上的平等，同时认为所有的不平等都需要从对他人的益处方面来公开辩护。财产的形式变得越来越流动和个人化：从土地继承到土地购买，从土 96
地到房屋和工场，再到合资股票和通过教育获得的技能。所以，“财产”最终得以跨越国界流动。在独裁国家，只有土地和钱财构成财产。在极权政权中，理论上没有个人财产，永远只有从职位而来的收益、外快和特权。
- **对法律的态度**。在独裁国家，法律或者是习惯法，或者是独裁者宣布的意志。在现代民主国家，法律既可能是习惯法，也可能是成文法，但新的法律是由代表大会或议会制定的。针对个人之间事务的法律在很大程度上是契约问题，但由公正的法官通过一般规则来调节，而不是像在独裁国家那样由个人偏好或干预来规制。在极权政权下，法律是由意识形态的一般意图来解释的，而不是由白纸黑字的字面意思来解释。

- **对知识的态度**。再一次，对比使得现代民主更加清晰。在独裁国家，知识被看作政治权力的统一工具，是“权力之谜”的一部分，或者是由统治精英分享却不可公开质疑或辩论的秘而不宣的“国家理性”。科学真理与道德真理混为一谈，审查成为国家的必要制度。在现代民主国家，知识被视为分散的，所关联的问题不一定纠缠在一起。大多数道德真理在应用中被认为是相对的，向公共辩论敞开，与科学真理截然不同。官方赞助独立的学术中心，促进知识的传播。这种社会要想运行不怠，知识就必须传播，远离审查制度。
- **信息的传播**。宣言是独裁国家的典型表现，报纸则是现代民主国家的典型表现。没有常规的新闻，于是谣言和八卦变成了独裁国家的社会风俗，正如身为窃听者的间谍和身为安全阀或隐形讽刺者的小丑。报纸的成长及其
97 摆脱国家控制，与民主选举权的发展是相生相伴的。印刷材料超越口头传播和谣言，成为公共信息的来源。民主政权的有效运作，越来越依赖于那些能够获得有关国家运行情况的较为准确信息的人们，依赖于国家能够较为准确地评估公众的需求和反应。于是便有了对官方出版物中立性和客观性的客观需求，与极权主义政权下所有知识都被视为宣传鼓动或国家秘密对比鲜明。

- **对政治的态度**。在现代民主国家，政治见解总是受到容忍，通常还得到积极的鼓励。政治被公认为一项和解性的公共活动，以妥协为目标或者不可避免地要妥协。在独裁国家中，政权或者超越于单纯的政治活动之上，或者仅仅局限于宫殿、王室或密党的私隐中。在极权政权中，政治被斥为资产阶级的假象，像所有的妥协一样，或者是纯粹的谋略，或者是有待根除的社会矛盾的症状。戈培尔说："政党的存在使问题无休无止，我们的存在则是为了解决问题。"

这些极为简单的比较能够表明，虽然关于"民主"的历史和理解的一些基本问题和歧义并没有消失（意见与知识的对比、"多数人暴政的危险"、民粹主义，以及大众支持为一些现代独裁政权赋予的力量），但是当我们与最坏的情况而不是与理想中的最佳状况比较时，还是出现了充满力量、极为重要的特征。只需指出两项特点，以及好处：第一，相形之下，很明显当关于其政制体系的真相被写下来并且为人所知时，独裁政权就受到了损害。因为，封闭的精英阶层全都依赖于关于政府运行方式的一些神话和欺骗。如果人们广泛而公开地说，他们并不总是明智、正确，有时统治精英需要掩盖自己在系统地剥削人民而不是爱护人民，他们就危险了。另一方面，现代民主国家能够承受人们说 98
出关于制度如何运作的真相。有人认为，这样一来它们实际上得到了加强，因为和独裁国家不同，当政府的政策和计划为人所知并且能够公开批评时，就有可能被纠正，必要时还能够放弃。具体的政府会受到质疑、失去信任甚至失去执政资格，但是政权或者整个政制体系的稳定通常不会受到威胁（除非舆论受到引导，认为所有政治家都腐败和谋私，也许就连政治活动本身都是腐败的）。

其次，经由对比表明，公开、透明的政府，以及不仅是信息自由还包括信息的可获取性和流通，与实际参政一样重要。参政（作为道德教育的基础以及民主政府的机制）的重要性一刻也没有降低，但是在现代民主国家的范围内，对于直接参政有着严格的限制，这种参政方式至少是古代的民主国家和城邦的理想。因此，幅员辽阔的政府既受制于知晓人民知道他们在做什么（历史上有很近的例子），换句话说即受制于舆论，也受制于人民能够直接参政。另外，政府需要知道，如果自己引路，是否有人追随。某些立法要想获得实效，需要的是行为的改变，而不仅仅是尊重或畏惧法律（比如限速、公共卫生运动、能源节约、种族关系等）。作为一位研究英国政治的明智的美国学者，塞缪尔·H. 比尔说，议会作为一种手段不仅是在代表现有的同意，也是为了“动员同意”。关于信息自由的良好立法，很可能与对选
99 举代表制度的改进一样，在动员知情的同意方面有重要作用。

日本发生的一件事

有人主张，对于民主制来说真理能够而且必须讲述，对于独裁制来说，讲出真理则会置其于危险境地；日本政治思想家、文化历史学家丸山真男所说的一个具有警示意义的故事便表明了这一点。一个名叫河野广中的人，起初是个强烈反对日本现代化方案的传统主义者，后来却成为日本自由党的创始人和领袖。河野广中在回忆录中讲道，他的转变是通过阅读约翰·斯图尔

特·密尔的《论自由》(现代派对翻译对象的选择很是有趣)实现的。

> 第一次读这本书时我身在马背上。一瞬间,我的整个思维方式被颠覆了。在那之前,我一直受到中国儒学家和日本古典学者的影响,甚至倾向于拥护"驱逐野蛮人"的政策。现在,我的所有这些早期想法,**除了关于忠诚和孝道的**,都被击成了碎片。那一瞬我知道,我自此以后必须最为珍视的,是人的自由和权利。

丸山悲愤地指出,其中的两项保留对日本民主以及自由的"政治学"或者说对政治的批判性研究来说都是致命的,这两个实体在他看来是相互依赖的。"河野丝毫没有意识到,保留这种传统道德可能会给自由主义带来问题。"因为"孝道"意味着不应该对自己的氏族(极为庞大的家庭)成员进行公开批评,"忠诚"则意味着,如果议会以君主的名义通过法律(一种在英国和德国受到赞赏的习俗),就无法质询立法的过程和原因。面对1930年代日本国会中的极端民族主义者时,这会使民主派和自由派既在道德上又在政治上变得无能为力。丸山指出,就在国会第一次 100
会议之前不久,极端民族主义文件《教育敕语》发布,此后在国会上不容置疑,因为日本国被视为一个道德实体,具有无可争议的权利来确定价值。直到不久之前,在英国还有一些意见认为,君主和整个王室应该象征并巩固道德价值。

比较有时既能带来信心,也会引起担忧。1930年代,在民主国家人们的观点几乎统一起来,认为与日本等处于现代化进程中的独裁国家，尤其是与纳粹德国、法西斯意大利以及苏联相比，自由社会在效率上付出了代价；上述各国每一个都声称是极权主义，完全控制着本国经济，并且用这种有效的控制来改进军队装备。许多演说家和社论说，这个代价必须要付。然而，第二次世界大战中的实际表现说明，上述声称有许多是空洞的。墨索里尼所声称的效率到头来只是徒劳的自夸；希特勒承认，不同部门和党魁之间在战争物资的获取方面存在对抗，甚至存在着相互竞争的情报机构，原因部分在于他自己在行政事务上的无能，部分在于“分而治之”；斯大林以颇有几分类似的多疑（绝对权力似乎从不会让人感到安全），于1930年代中后期在职业军队中清洗了一半至三分之二的军官；在日本，军队和政治领导人之间信任和联系的瓦解，导致军队在确定现实战争目标时完全无视政治因素。奇怪的是，当英国无路可退，当美国遭到日本袭击时，两国为备战而进行的经济动员比纳粹德国规模更大且效率更高。在英国，高级公务员在战前不相信计划，也不相信计划是可能的，现在却迅速创造出了计划经济，甚至征用了劳工、征用了妇女。主要是出于意识形态的原因，纳粹没有征用妇女，直
101 至面临着战败的威胁。

一个民主国家，如何能够摇身一变成为高效的战时经济体呢？答案可能寓于自由社会的根基中。亚里士多德早在那时就看出来了。他问道，暴君怎么能指望自己长期掌权？他给了一个听起来最为古怪的答案。暴君必须让所有才能卓越（*arete*）的人“闲荡于宫门外”，必须禁止一切讨论会（*symposia*），即那些宴饮和社交俱乐部，各种身份的人在那里于漫长的午休时间相聚，谈话、提神，做类似的事。为什么？呃，让他们在附近闲荡

是为了留意他们，让他们成为受监视的人，防止他们密谋。但是，为什么要禁止无辜的讨论会呢？因为正是在这样的非政治制度中，人们首先学会了彼此信任。没有相互信任，就不可能推翻暴政。在我看来，英国战时经济之所以能高效动员，是因为人们相互信任，决策可以移交，人们能够在此基础上共同努力来实现核心计划，同时又不需要来自上层的持续监督。（这是一种艺术，在紧急情况之外我们现在并不一直维持：有足够的时间来制定详尽的问责和监督机制，以确保公职人员履行职责；这实际上在信任度降低时干扰了他们完成工作，他们本可以出于职业责任感这样做。）

我曾经告诉我的学生，隆美尔作为一名职业军人，猜对了1944年盟军登陆的地方。然而，当希特勒因为加莱海峡而不是诺曼底的虚张声势而倒下时，隆美尔不得不把他的装甲军团放在不当的位置上，大着胆子尽可能放在两地之间。即使如此，他还是要等待三天，希特勒才同意诺曼底登陆不是虚张声势。那时已经太晚了。我想说的是，如果一位英国指挥官发挥主动权，违背丘吉尔的命令，并赢得胜利，那么不夸张地说，他应该已经成为切尔滕纳姆、瑟比顿、东汉姆等地的公爵；如果失败了，则成为巴巴多斯或福克兰群岛的总督。但是，如果隆美尔做了类似
的事并且失败了，立即便会被公开处死；如果成功了，他会在受 102
到短暂的职业景仰之后，被悄悄地撤职和清洗，原因与其说是挑战元首的意志，不如说是暴露了希特勒并非全知全能。在民主国家，之所以能有更大的信任，不仅因为无人期待全知全能，也是因为失败的后果不那么严重；人们会相信自己的力量，相信自己的判断，发挥主动性。当林肯说他不介意联盟军司令麦克莱

伦是否在密谋成为危急关头的总统或独裁者，只要他相信后者能够取得胜利（他没能胜利，所以下台了）时，或许就是这么想的。正如报复的愿望可能会违背必要的政治妥协，相互信任是政治行动的基本条件，由于某种原因，在民主国家比独裁国家我
103 们能看到更多的信任。

第七章

民主的公民资格

好吧，让我们祈祷它会到来，
它一定会到来。
…………
在整个世界，人和人
会成为兄弟。

（罗伯特·彭斯）

现代民主国家特有的制度安排，大多数都是在共和国或有限君主制下确立起来的。这些前民主时期的机制转而与旧统治阶级相敌对，要创立更为民主的政制，有时还是更为民主的社会。如果人们可以说，公民和臣民之间的区别逐渐消失了，那就简单了——事实是有时消失了，有时却并未消失。在英国，合法公民被定义为君主的臣民这一观念依然存在。寻求“归化”（即成为合法公民）的移民，长期以来不得不宣誓效忠国王或王后。直到2002年，新的“公民誓言和承诺”才成为法律，增加了承诺尊重英国及其居民的权利和自由、维护其民主价值、遵守其法律、履行公民的责任和义务。

位于最后的义务，虽然出于某种原因有些含糊，却很有趣。
104 如果公民的责任和义务仅仅意味着，为了回报法律的保护而在传统意义上服从法律（或者如某些人所说的，做一个好公民），那么前面已经说过了，这些话是多余的。所以，这似乎暗指公民要充当更为积极的角色，暗指公民有责任尊重在英国能够找到

图12　纳尔逊·曼德拉在南非第一次不分种族、完全民主的选举中投票，1994年

的权利和自由。政治哲学家会主张，权利和义务之间存在着密切关系，甚至是互惠关系：你和我都无法在断言我们自认为属于自己的权利时，不暗示着有责任考虑可能会对他人产生什么影响，从而尊重和鼓励他人的权利；同样地，如果你和我追随我们所认为的公民义务的道路，那就意味着我们认为其他人有类似 105
的义务，应该被赋予履行这些义务的知识、技能和机会。所以听起来似乎是，无论是有意识地作为政府政策，还是无意识地追随着我们这个时代一种不断变化的精神［德国人对此有一个词，即“时代精神”（*zeitgeist*）］，内政部都在说要想成为移民至英国的新公民，就必须或者有必要认识到，应该成为积极的公民。一个共和主义的范式被嫁接到君主制范式上。在美国，长期以来移民都要接受公民测试，并要在国旗前举行效忠于宪法的宣誓仪式。在民主国家有一部成文宪法，即使严格地说是一部前民主时代的宪法，使得更难在合法公民的权利与公民的预期义务之间进行任何轻蔑的区分——至少在纸面上是如此。

机　构

要成为有效、积极的公民，需要的不仅是意志和技能，还要对机构有所了解；不是抽象的或学术性的综合知识，而是对何种权力杠杆与特定意图相关有实际认知。试图比较不同形式的机构在不同的民主国家中的有效性，则远远超出本书的范围。政治学家做了很多这样的事情，但我一直怀疑，一旦人们认识到同一事物在不同的民族文化和历史背景下作用不同时，是否还能将一种东西与类似之物相比较。英国在战后从帝国事业转身时，为几乎所有前殖民地都赋予或留下了威斯敏斯特模式的议会制政体。没有哪个如预期那般发挥作用，有的完全失败，甚至在没有完全失败的地方（如在表现最明显的印度），事先了解威斯敏斯特模式也可能是有害的障碍，而不是有助于理解新的背景、动态、问题及可能性。

106 但是，现代民主国家有一些普遍的制度特征。其中部分特征显而易见，部分则不那么明显；我还是把它们写出来吧。我以罗伯特·达尔教授被收入《社会科学和行为科学国际百科全书》（*The International Encyclopedia of the Social and Behavioral Sciences*）中的出色文章所给出的条目为基础，即便我不同意他的一个断言，即这些条目中的大多数都明确是现代的；尽管充满敬意，但还是通过修改和增补对其作了释义。

- **当选代表**。由公民选举的议会或议院等成员控制政府。实际上，达尔说的“民选官员”要么罕见，要么对美国很多地方来说都是特有的。（当法官和州检察官由选举产生时，民主的民粹主义模式而不是自由主义模式就启动了。）
- **自由、公平、频繁的选举**。他补充说“强制在其中是相对罕见的”。现在，选举观察小组出现在许多从军事独裁中走出来、努力确立或重新确立民主选举的国家；他们想揪出其中的强制，也想揪出欺诈（这些现象在国内可能也有）。
- **表达自由**。“公民有权在广义的政治问题上表达自己的看法，并且不会面临严厉惩罚之虞……”的确，但是需要限定于“政治”问题吗？当然，独裁国家对言论自由的部分压制就是通过为言辞打上“政治”烙印来实现的；但也可以坦率地说，禁止公立高中的性教育**不是**政治性的，它仅仅是学校董事会、家长甚至立法者的私人道德问题，不以政治妥协为条件。

- **能接触其他独立的信息源**。达尔恰当地在“言论自由”之后立即提出这一点，因为若没有证据来源来质疑政府发布的信息及其窜改、压制甚至捏造统计数据的能力，“言论自由”就变得毫无用处，尤其是在政府对报纸和广播电视媒体有过多影响甚至控制的情形下。
- **自治社团**。公民必须“有权组建相对独立的社团或组织，包括独立的政党和利益团体”。事实上，按托克维尔的说 107
法，这是自由和民主的基础；在现代民主国家，政党似乎是联结政府与选民的基本制度。所以“多党”制可能值得单列一条。对文化多元政策的新的要求能够走多远，这些问题错综复杂，不易回答（看看英国和美国等国对多元文化已经做出的自我描述吧）。
- **无所不包的公民权**。“任何在该国永久居留并服从法律的成年人，都不得被剥夺公民所享有、对上述五项政治机制来说必不可少的权利。”不过要注意，投票权通常不会授予永久居民。民族情感有可能汹涌澎湃。关于外国配偶地位的法律往往极为具体和独特。

然而，也许罗伯特·达尔把并非理所当然的东西视为理所当然了，尤其是在新的或新兴的民主国家中，即对相对于政府的真正的**司法独立**，以及对**公正且适度中立的公职人员**提供部分真正的宪法支持的必要性。也许他会回答，因为美国显然是**没有**这两项制度特征的民主国家，这些特征完全不是先决条件。

我承认美国的机制相对独特，但会把这种缺乏看作被其他国家以善治之名拒绝的民粹主义民主的一个因素。但是，美国西部各州几乎全部在20世纪头十年立法规定了极为有趣的机制，试图确立民粹主义的政治风格：其中的条款规定通过民众请愿来**动议**立法，规定**公民复决制**，规定可以**罢免**当选议员。这些立法有些已经失效，它们带来的好处也极为复杂。

所以，我们在这一点上不断地打转。只要我们自认为至少对民主有了一个用例证表明的，或者说经验性的定义（即指出通常所说的民主政体的共同特征），我们就会发现多数主义或民
108 粹主义的问题出现了。柏拉图阴魂不散。是的，我们知道答案。历史、理性和道德必须把自由、人权和人类友爱投入民主的大锅中。然后，我们可以愉快地把这种漂亮的混合物贴上现代民主的标签，即使这一标签比大部分令人沉醉的东西要更好。于是，为了避免虚幻的乐观主义，认为这种混合总是等同于善治，在我们着手和前文一样作一些列举时，难道不该加上另外两项关于善治的否定性要求：美国式政党不会为了公职人员而“损害制度”，由政治驱动的司法系统也并不有利于政治正义，有时甚至不利于政治稳定？民主国家可能像独裁国家一样，在外交政策上愚蠢、鲁莽，咄咄逼人。在民主的名义下找不到最终答案。和定义一样，列举也解决不了什么问题。在不同的价值和利益以及政治本身之间，只有不断妥协的过程。

被人们视为民主原则的东西，有时可能也不得不接受妥协。身为英国议会议员和欧洲议会议员，牧师伊恩·佩斯利博士经常于情理之中指责北爱尔兰的治理方式并不民主：“民主的”多数人被强加的、完全人为的、错综复杂的权力分配制度剥夺了权

力，这种制度的基础是一种蓄意谋划的选举体制；更糟糕的是，这种强加受到了一个国外政府的纵容；于是，国家主权和民主原则都遭到了破坏。确实如此，但是（正如托马斯·霍布斯带着嘲讽承认的）它们追求的是和平，而不是纯粹的民主——或许无法让大多数人感到愉快，却至少可以接受。事实上，这是一个政治过程，而不是完全民主的过程。在南非从种族主义国家转变为协调的民主政制前后，非洲人国民大会就发出了“一人一票”的呼声（实际上他们说的是“一男一票”，但很快就纠正了那个小小的错误）。不可能剥夺他们参加选举的权利和权力，阻止南非黑人在新秩序中占压倒性多数。但那不是全部的重点。他们的 109
领导人知道，问题的解决不仅要和平，还要避免引起投资和资本从南非外逃。因此，难以克服的法律约束和“权利法案”便成为为新的政制所作政治妥协的一部分，其目标很明确地就是要让南非白人消除疑虑。在某些方面，“和平委员会”（为换取真正的认罪，不惩罚过往对人权的侵犯）可以被看作对正义原则和多数人权利的否定；但是，这又是为了和平，为了经济和政治稳定所作的妥协。民主能在西班牙和智利恢复，也经历了类似的妥协。“人民主权”被认为是有局限性的。在两种情形下，共和国以及共和政体或民主政体的安全和未来，都被置于向犯下暴行和侵犯人权的人复仇，甚至寻求正义的巨大风险之前。

自由主义与共和主义

今天，大多数人都想尽可能少地介入国家事务和公共事务。我们享受着广为人知和能够接受的法律带来的好处（除非是赤贫之人或者在其他方面受到歧视的人）。欧洲和北美在过去两个世纪中发展起来的自由主义国家创造了一个框架，在此框架内人们可以在最低限度的干涉下过着私人生活和商业生活。他们向外部的介入主要限于在公开选举中投票。相对来说，在劳工运动以外极少有人活跃于政党中，大多数人都满足于把公众事务留给一小撮人，这些人处于媒体的密切注视下，至少在某种程度上还处在法院的控制下。这个政治阶层有时由代表着多数工人阶级运动的民主社会主义者构成，有时由保守党或基督教民主党组成，后者为化解对制度的不满，在相当程度上接受或促进了福利国家。在他们之间存在着严重的政策分歧，主
110 要集中在重新分配收入的目标上——但是，绝不能杀死下金蛋的那只鹅，即资本主义市场体系。商业利益痛恨为了政治或道德目的而高额征税，经常歇斯底里地谈论私营企业制度本身就要崩溃了，事实却从来不是如此。但是，有一段时间战后资本主义的成功创造了一个比旧式工人阶级还要庞大的中间阶级，很大程度上也是一个新的中间阶级，它能够把钱花在消费品上，远离了那个满是基本日用品、生活必需品以及应急存款的旧世界。在英国，合作商店被超市取代。这就是消费社会。撒切尔主义和里根主义没有创造它，反而是它的产物。他们现在能够赢得选举，而不用过多地关心工人阶级的福利问题，后者在历史上第一次不再是多数阶级，实际上正在迅速变成一个下层阶级——非政治化、没有组织，不再受到民主制下竞争性政党制度的保护。

在开展竞选时，党的领袖可以用朦胧的诚意把难题撇在一边，不作真正严肃的辩论。各政党集中精力于中间立场：降低税收取代公共支出成为选举的口号。新的中间阶级远比老的中

间阶级更崇尚个人主义、更专注于自我和家庭，对公共服务更为冷淡，更少认为权利意味着责任和义务。党的领袖和管理者变得公开、坦然地对直接的选举策略、个性设计和媒体表现兴趣盎然，甚于对思考和倡导与长期社会需求相关的观念和政策的兴趣。那些曾在社会民主政治领域呼风唤雨的城市知识分子，现在很多都从事着“拯救鲸鱼”、“禁止转基因食品”、动物权利等大小事业，却不涉及贫困问题和经济不公。他们会批判种族主义，斥之为实际上是对人的尊严和任何一种民主的冒犯，却不去直面歧视的根本原因——赤贫、经济上的不利处境，甚至是相对
剥夺。英国的政治领导人曾经惯于在演讲台上和回忆录中，把 111
英国的民主和自由归于在地方政府和志愿机构中服务的伟大传统，现在却突然开始贬低地方政府甚至把它说得一钱不值，说它是国家政治和选举策略中的一张百搭牌，并发表旨在恢复志愿服务的言论——当然是有利于灵魂的，却也有利于节省政府服务并进一步削弱地方政府，而地方政府在不久以前还被视为民主的根基。在美国，2001年9月11日发生的可怕事件成为一个借口，用来激起民众热情，漠视曾经伟大的宪法权利和公民权利传统。

用带有一些民粹主义色彩的词来说，现在我已经陷入了一种境地，政治思想家会更为冷静也更为理论化地把它表述为自由主义民主与更为古老的公民共和主义观念（强调公民参与公共事务的义务）之间的区别；与他人一齐如此行事是一种道德教育。事实上，在英国和美国，严肃的政治思想得到显著传播和复兴至少已经有十几年了。唯一的困难是它只限于大学，学者们彼此交谈，也和他们聪慧的学生交谈（不像大多数商业研究那

样轻而易举）。它对政治家或新闻界影响很小。著名的政治思想史家昆廷·斯金纳曾写道：“具有讽刺意味的是，西方民主国家的发展竟然一直伴随着一种理想的衰落，即人民的政府应该由人民来管理。”

> 文艺复兴时期的道德和政治作家普遍认为，使个体公民的自由最大化的唯一途径，就是确保每个人都在政治事务中发挥积极作用。他们声称，只有通过这样的充分参与，才有希望防止政府的事务落入统治阶级的手中。然而，自17世纪以来，主要的西方民主国家却否定了这种观点，转而赞成反差强烈的另一观点。关于政府与被治理者之间的关系，各种自由主义理论的一个公理是，使自由最大化的唯一途径必定是把公共需求被合法地加诸私人生活的程度降到最低。

我只是不同意他在暗示中把期限定得过于死板。这种公民共和主义在早期的美利坚共和国表现得很强烈，却在美国内战后“胜利的”民主资本主义中，作为平民力量被一扫而空；这种堪称对自由的积极态度，在宪章派和劳工运动中普遍存在：自由不仅仅是不受干涉，而且是为了公共利益或普遍利益而**自由行事**。不过，这并没有贬低他所提出的宽泛的观点。现代民主国家的政治和法律机构的规模，似乎对好公民比对积极公民需求更甚：民主机制相对平稳的运行和安全，实际上有可能看起来降低了对民主精神的需求，从而扼杀积极的民主精神。公民参与政治进程的几乎所有重要指标，现在都显示出明显的下降，不仅表现在投票人数上。

公民资格

最后要问的问题，实际上也是卢梭的问题：我们能进行民主教育吗？关于政府，有什么样的例子能够提供帮助或成为阻碍？恰巧我被任命为某教育大臣顾问小组的主席，职责是："提出关于在学校进行有效的公民教育的建议，包括参与民主政治的性质和实践；个人作为公民的义务、责任和权利；以及对社区活动的个人和社会的价值。""有效的公民教育"和"参与实践"，这是我能够忍受的职责，付出的小小代价是，对这些煽动与政府的总体风格或集权政策之间的反差（矛盾？），尤其是在本党内的反差，暂时保持沉默。幸运的是，政府并不完全和谐一致。他们当然想要良好的行为和**良好的**公民，但也想要（昆 113
廷·斯金纳和我有时候太悲观了）关于**积极**公民或公民共和主义的古老语言和愿望，这样的语言和愿望在一些关键背景下不断爆发出来，比如在获取法定公民权的新誓约中、在对我任职的委员会的职责中。最终的报告获得了一致同意，被确定为英国中学新的和必修的课程。它规定：

> 我们的目标在于在国家和地方两个层面改变这个国家的政治文化：让人们认为自己是积极的公民，有意愿、有能力，准备好在公共生活中发挥影响，并有批判性能力在说话和行动之前衡量证据；巩固现有的社区参与和公共服务传统中最好的内容，并把它彻底地扩展到青年当中，使他们作为个体有信心在年轻人当中找到新的参与和行动方式。

我常常疑惑，我的小组中有多少人意识到自己正在支持公民共和主义的激进议程，而不是自由主义民主那要求较低的“良好公民”和“法治”责任。下给学校的“公民令”为这个更为激进的议程提供了工具：讨论有争议的问题；参与学校和社区事务；学习辩护技巧；把“政治素养”视为技能、知识和态度的混合这一观念；学会意识到文化多样性——英国国内的不同民族、宗教和种族；所有这一切，以及在之前没有国家公民课程的地方的更多内容。我常常疑惑，政府作为一个整体是否意识到这一点对社会所产生的渐进却真实的效果（如果有什么效果的话，现在也是掌握在教师而不是政府手中），以及对于政府本身的行为产生的效果。人们可能会变得更加苛求，在如何实现自己的要求方面更有见识，而且更令人懊恼的是，也更加不可预测。从政府的角度来看，自由公民的麻烦在于，政府从来都不太确定他们会如何行使这种自由。

一面是自由主义民主理论对于政府行为的便利，一面是分裂性更强、更不可预知的公民共和主义理论：两国的一些政要试图消除两者之间的矛盾。无论是出于真心诚意还是悲观怀疑，他们试图把公民身份归结为“志愿服务”，或者在美国归结为“对服务的学习”。困难之处在于：过多的志愿服务可能只是意味着，由善意的老年人来告知年轻人该做些什么。志愿者们如果不被视为公民并被赋予执行任务的责任，却又在目标或方法看起来错误或琐屑时没有责任提出修正的建议，他们就可能会成为炮灰并且变得幻灭。

西欧的大多数国家早已在中小学校开展公民教育，现在，由苏联解体而来的国家也把公民教育纳入课程，几乎是不顾一切地想对冲数十年的灌输而不是教育所造成的对政府的悲观怀疑。英国现在看到了这种需求并采取了行动，而美国正在公立中学着手恢复、修复并有望改造（而不是巩固——还言之过早）公民教育。主要动机可能是想恢复或创造**良好的**公民意识，但是一般来说我们认识到的是，这只能是学习**积极的**公民意识的一个深受欢迎的副产品，旨在把权力赋予年轻人。现在人们普遍认识到，以非讨论性的、不带疑问的因而也是无聊的方式来学习"宪制"，这种老式惯例（通常被称为公民课）至少是无用的，在糟糕的情形下对于鼓励民主精神还会起反作用。即使在消费社会的核心，即使是在公共生活中那些人所留下的令人沮丧的例子，也存在这种小小的调解倾向，有可能很重要；或者它至少表明，民主制度背景下的民主共和主义观念如果不是占主导地位，就还没有像思想史家所暗示的那样以任何方式被打败。一些正直之人虽没有读过它，却正在如此行事。 115

结　语

所有关于民主的讨论都没有定论，永无尽头。幸运的是，没有最终的解决方案，无论是形同地狱的还是温和仁慈的，无论是大屠杀还是地球上的新耶路撒冷。正在浮现的是全球资本主义，而不是福山愚蠢主张的"历史的终结"。资本主义与资本家的道德感和责任一样强大，或者说同样脆弱（这是亚当·斯密《国富论》的学说中，出于某种原因被遗忘的部分）。"主权国家"不再像过去那样拥有主权（如果其中的部分国家曾经有的话）或者像过去那样强大，但是他们在经济领域所能实现的政治缓和，对本国居民来说并非微不足道。世界局势在某些方面令人沮丧。 116

图13　柏林墙，1989年11月8日

对于民主来说，这样的局势并不像伍德罗·威尔逊理想中的那样特别安全。无论是联合国还是美国，都没有意愿或权力在全球范围内强行推广民主，甚至是推广人权。国家之间也没有民主，其他国家可以在国际论坛上自主地投票，现在的美国政府把国内的院外活动集团置于在全球变暖、维和以及以平等条件组建战争犯罪国际法庭方面采取统一行动之前；“反恐战争”到头来也滑稽而武断。

民主**机制**有望扩展的原因，主要是在一些重要的消极论据中找到的：一党制国家或军事政权往往经济效率低下、腐败且挥霍无度，其治理行为和计划不受公开批评。这样的政权可能会崩溃而真正地破产，大规模通货膨胀使货币一钱不值，最终可能激起国民叛乱，国家机器的支持者则陷入懒散的绝望。1989年11月参与东欧起义的人们表现英勇，其中确实有一种民主的精神。莱比锡、德累斯顿、柏林、布拉格和布拉迪斯拉发等地的工人、教徒和学生并不知道警察和军队不会朝自己开火（有时是违抗开火命令）。我们从中看到的是“人民的力量”和人类的勇气，即便他们只是加速而不是造成这些政权的崩溃。苏联共产党试图通过公开化（*glasnost*）和重建调整（*perestroika*）来及时改革，以更加温和的伪装来保住权力，但是整个经济体系直接分崩离析了。革命经常发生，原因在于旧政权之所以崩溃，仅仅是因为经济效率低下和官僚主义的僵化，而不是由于他们那些善于居功的继任者给出的理由，无论后者在危机时期多么英勇（但在过去常常是无望的）。说句嘲笑老派马克思主义者的话，对于民主的经济体为何通常比较强大，存在一些“客观原因”。

但是，中国令人踌躇。一些人认为资本主义创造了民主，甚至全球化由此也是使民主成为必然的一股力量，已故的哈耶克便强烈地如此主张；对于中国的情形，这些人有一些特别的辩护。中国这个世界上扩张最为迅速的经济体，政府仍然掌握在一个政党手中，但这个政府已经不再对社会进行具体的控制，也不再奉行平均主义的教条，与精英领导的气质截然不同。经济的成功能否完全将中国人的思想从政治和民主的问题上移开？这是罗马帝国“面包和马戏”的做法在现代的典型例子。还是说，在高层会出现腐败、分歧和毁灭性的错误？或许西方民主的真实故事是（不是哈耶克的，他不知为何忘记了前资本主义时期的希腊人和罗马人），精英们为了获取绝对的掌控而兄弟阋墙（权力确实会让人如此），一派或另一派诉诸人民的力量，不论是谁只要有潜在的权力，也无论是在街头还是在银行和贸易公司的会议室中。

我希望，我自己的观点是相当明确的；不过，一切都是相对的，即使是一个纯粹自由主义的民主政权，激进地支持基本上非政治化的消费资本主义，也比旧式苏联甚至比新的中国模式要更为可取。但是，我们可以做得比这更好。情况在变化，总是可以做出变化的选择，如果我们知道压力点在哪里，总是有一些影响可以运用；变化并不总是来得如我们希望的那样快，有时又来得太快。但在现代民主国家，改变是可以实现的，实现的最好方式不是民粹主义的，而是合理的政治方式。政治家们知道，要想有人追随，就必须倾听他人。对你来说，那就是民主。

现有的“民主国家”会不会从根本上变成更加民主的社
118 会？制度安排上的改进总是需要的，但这种改进本身绝不足以诱发出民主精神。理论上的答案相当明显：扩散权力。以英国和欧洲为例。有一些权力显然有充足的理由下放，其他一些则相当正确地上交了。有些大事是我们自己无法做到的，但是在许多其他事项上，无论是来自布鲁塞尔还是白厅和威斯敏斯特（或者应该加上华盛顿？），都不需要统一。大卫·马宽德最为雄辩地提出了这个理论。1787年，来自宾夕法尼亚州的威尔逊是对的：“他想把联邦金字塔提升到相当的高度，出于这个原因希望让它的基础尽可能广泛。”毕竟，就英国本身来说，经济在相当长的时期中变得越来越集中是有充分理由的。自由主义的民主国家的企业经济好处多多，规模问题则使公民民主、公民共和主义和“面对面”社会等古老观念难以应用。沟通、信息的可获得性、透明度和开放政府、报刊和广播电视媒体，相比于直接参与，实际上是对中央政府更为有力的控制。但是，地方政府的权力之所以变弱，原因几乎全是负面的。

公民共和主义作为直接参与的民主精神，可以而且应该牢牢扎根于地区、地方和社区；所有能够下放的权力都应该下放。一个人无法既自由又统一。例如，英国的国家媒体就在鼓噪，说一个人能否获得国家医疗服务体系的特定治疗，或者说多快得到，要靠“邮编”摇奖。但是，这些报纸（隔天）又反对刻板的、官僚式的集中制。那些认为报刊是公众舆论，或者能够对它施加额外影响的政府，就能制定国家标准或框架，对关于地方上的需求、优先事项和首创精神的认真思考和行动不留余地。对报刊专断任性的畏惧，也阻碍了中央与地方之间分权的严肃讨论， 119
实际上也是在恰当的公共供给与恰当的私人供给之间的分权。托克维尔是对的。一国之中地方和群体的高度自治，是民主国家中自由的本质要求。所以，想想公民共和主义者，回忆回忆希腊人和罗马人：在亚群体和地方上，只要是有可能的地方，就应尽可能地实行参与式民主。这对政体以及每个人的个人生活都是有益的。在他人的打量之下，我们会呈现最好的自己，这当然取决于我们如何看待他人，包括从道德、政治和民主方面。

我是一个人文主义者。但我赞成神学家雷茵霍尔德·尼布尔《基督教现实主义与政治问题》（*Christian Realism and Political Problems*）一书中的许多内容：“人的正义倾向使民主成为可能，人不公正行事的可能则使民主必不可少。”为了防止我们破坏自己的民主自由，实际上也是我们自己的人类栖息地，我们需要乐观主义，这种乐观主义必须以合理的悲观主义为基础。 120

索 引

（条目后的数字为原书页码，见本书边码）

E

F

G

H

I

J

L

M

N

O

P

R

S

T

民主

Bernard Crick

DEMOCRACY

A Very Short Introduction

Contents

List of illustrations

The publisher and the author apologize for any errors or omissions in the above list. If contacted they will be pleased to rectify these at the earliest opportunity.

Introduction

Many meanings attach to the word democracy. If there is one true meaning then it is, indeed, as Plato might have said, stored up in heaven; but unhappily has not yet been communicated to us. The word is what some philosophers have called 'an essentially contested concept', one of those terms we can never all agree to define in the same way because the very definition carries a different social, moral, or political agenda. But somehow, nowadays at least, we cannot live without it. In my *In Defence of Politics* 40 years ago I reified 'this most promiscuous word' as if a Greek or Roman nymph – or say Democratia, an Athenian minor deity: 'She is everybody's mistress and yet somehow retains her magic even when a lover sees that her favours are being, in his light, illicitly shared by many another.'

Plato, of course, detested democracy. To him it was the rule of *doxa* over *philosophia*, of opinion over knowledge. The Greek for rule was *kratos*, and *demos* was 'the people', but many other ancient (and modern) writers gave it a pejorative sense, simply the majority as the mob – a powerful, selfish, fickle, and inconsistent beast. His pupil Aristotle took a more tempered view in his book *The Politics*, as we will see. While democracy was for him a necessary condition for good government, it was far from a sufficient condition. If we are talking of justice and of good government then we are talking of a complexity of different concepts, values, and practices, and a complexity that never remains the same. Beatrice Webb was not denying democracy when she said, 'democracy is not the multiplication of ignorant opinions'; she was merely, if somewhat acidly, putting it in its place and demanding ever more educational reform, or simply education.

So we need some scepticism about any claim that some concept of democracy must be the best for all seasons, as well as some irony about how we choose to wear any one suit of ready-made democratic clothing rather than another; and choose we must, even if by default. In democracies, widespread not-choosing can be a dangerous form of choosing. We each have to choose something but it is another question how and why we presume to choose for others. In a broad sense most of us likely to read a book like this live in a system of government that we call 'democratic'. That word can still, or should, as the Greek poet said, 'warm the blood like wine', whereas, say, 'constitutional government' has a smack of the textbook or the law book about it. There are good reasons for saying 'democratic' for all its ambiguities, use and abuse, as will be rehearsed at the end of this book; and there are choices to be made between different systems of democracy as when new governments are set up – say in post-war Germany and Japan, in the new republics of the former Soviet Union, or in devolved governments as in Scotland, Wales, and Northern Ireland. But this does not mean that somehow democracy is an overriding principle in all circumstances (quite apart from the sad fact that it does not exist in most countries of the world). For example, I happen to have been to a lot of meetings in the last few years in which someone gets up and makes a passionate and reasoned demand for 'democratic schools', and I have tartly shot back, 'Nonsense, a school cannot be democratic; but by god many need to be more democratic and some, indeed, are admirably clear examples of autocracy.'

However, in broad terms the number of different usages of 'democracy' that have had any practical effect have not been all that many. By practical effect I mean when there is some congruence between democracy perceived as a set of values and democracy perceived as a set of institutional arrangements. We can see this best if we consider the history both of the values and of the institutions that have been called democratic.

There are two reasons for an initial historical approach. The first is that to understand any human institutions we must know a little of what has gone before, why they were invented or how they have evolved. Even Marx, believing in revolution, said that in order to change the world we must first understand it (even if he was somewhat idealistic or just plain wrong about the possible extent of change, certainly about the timescales involved). The second reason is itself historical. When democracy began to enter into modern politics and society with the American and then the French Revolutions, the leaders of these events looked back to what they took to be Greek and Roman precedents. They were painted and sculpted in classical togas and laurel wreaths, and they gave themselves Greek and Roman pseudonyms (both for provocation and protection) when they set down their reasoned principles and wrote tracts against royal government and oppression. And the particular pseudonyms they adopted told their readers something of where they were coming from – a 'Brutus' was likely to argue for more immediate action than would a constitutionally minded 'Cicero'. For several centuries the revived memory of the Greek city states (the citizen states) and Rome of the republican era had haunted the West, as real fear for some and as speculative hope for others. What had been done before could be done again. And it is always necessary to remember that we are considering a term that has had no meaning at all in most societies for most of human history, and that while most governments in the modern world feel the need to call themselves democratic, many are at or beyond the outer limits of any of the main usages of the term historically.

I like the challenge of this book because to write briefly and to try to simplify without distortion an overwhelmingly important but also

1. Delacroix's *La Liberté guidant le peuple.*

highly complex matter is more difficult than to write at length. So a double word of warning. Three somewhat different stories (or accountings) must run side by side, which I will try to disentangle and relate to each other more carefully at the end. There is democracy as a principle or doctrine of government; there is democracy as a set of institutional arrangements or constitutional devices; and there is democracy as a type of behaviour (say the antithesis of both deference and of unsociability). They do not always go together. Voting for leaders, for instance, is a democratic device; but many medieval monks in a highly autocratic Church elected their own abbots; Viking war bands would elect a new leader if a chief died on campaign, and Horatio tells us that Hamlet's dying breath was to give his vote to Fortinbras to be king of Denmark ('not how we do it in England', but an Elizabethan audience had evidently heard of such oddities as elective monarchy – they did not need programme notes or a chorus to tell them). The second word of warning is that the history of what is meant by democratic has been hard, until very recently, to disentangle from that of 'republic' and 'republican'.

The tradition of Roman republicanism was revived in the 16th and 17th centuries (finding its finest advocacy and analysis in Machiavelli's *Discourses*) and was an animating idea in the American and French Revolutions; and while it was not democratic as most of us would think of democracy, in that it firmly denied that everyone was fit to vote, and gave some good reasons, yet in some senses it was more democratic than many of us today would feel comfortable with because it stressed the *duty* of all who were citizens *to participate actively* in public life and affairs of state (what scholars call 'civic republicanism'). Today we tend to think that we all have the right to do so, if we feel like it, or not, every so often, if we care to, but that the state will provide laws to protect our individual liberties nonetheless (what scholars call 'liberalism'). But it is wrong, as we will see, to attribute this 'falling off' (or widespread confidence that we can safely leave it all to others) only to the late 20th-century consumer society, Thatcherism, or the deification of the market economy. The roots go deeper and are at the heart of the very ambiguity of the terms 'democracy' and 'liberty' and their associated practices. For Benjamin Constant could write in an essay of 1819, 'The Liberty of the Ancients Compared with that of the Moderns':

> The aim of the ancients was the sharing of social power among citizens of the same fatherland: this is what they called liberty. The aim of the moderns is the enjoyment of liberty in private pleasures; and they call liberty the guarantees accorded by institutions to these pleasures.

Recast in modern dress this contradiction will be my conclusion, but with some hopes for a happy enough ending in which we can enjoy both but only if we study how they can coexist as separate entities rather than be fused – by glib words and thus dangerously confused.

Chapter 1
The word and the deed

> 'In the beginning was the Word'.
> Why now, I'm stuck already. I must change that: how?
> . . . . .
> The Spirit speaks! I see how it must read
> And boldly write, 'In the beginning was the Deed.'
> (From David Luke's translation of Goethe's *Faust*)

The word democracy need cause the translator no problems. It comes more or less intact from the Greek into every major language. The spirit, Mephistopheles, led Faust into real trouble, of course, by such a dramatic prompt in mistranslating the great first line of the Gospel of St John. Oh the tragic quest for novelty rather than sticking to good old truths! But the unchanged sacred word 'democracy' can cause troubles enough because it can mean all things to all men as it is translated into different cultures and its thread is spun for different purposes.

Let me illustrate this at once in case any reader still hopes for the one essential true meaning or a definitive definition. Neither language nor social organization are like that. In 1962 the late S. E. Finer wrote a book called *The Man on Horseback*. He listed six of the official titles with which leading military dictators 'have decorated their regimes':

Nasser:	Presidential Democracy
Ayub Khan:	Basic Democracy
Sukarno:	Guided Democracy
Franco:	Organic Democracy
Stroessner:	Selective Democracy
Trujillo:	Neo-Democracy

Easy to mock such wily opportunism, but I would say that, speaking broadly, while three of those were almost purely despotic, resting almost solely on force and fear, the other three were at least overwhelmingly popular with most of their inhabitants.

And Sammy Finer was only writing about military regimes. The Soviet Union, and their allies or puppet states all took very seriously their proud description of being 'Peoples' Democracies'. They believed that the working class should be emancipated, should rule over other classes in a time of revolutionary transition until a classless society was achieved, the rule of the people – democracy. However intolerant the actual ruling Communist party elites were of any dissent, however much they monopolized and abused their exercise of power, they had arisen through popular power and discontent and ultimately depended upon popular support, as happily proved the undoing of the Soviet empire – happily, that is, if you cared for liberty and human rights as well as democracy as majority consent; or if you complacently believed that liberty and democracy are inseparable twins. They should be but they are not.

We all, of course, can mock those perversions of 'democracy' by military regimes and others, because most of us are sure that we live in a democracy, using the term to mean almost everything we want – 'all things bright and beautiful': democracy as a civic ideal, as representative institutions, and as a way of life. Asked to define the term, many would say 'majority rule', but will shift a little if challenged, as in a Socratic dialogue or a seminar, to say more realistically 'majority consent'. But few of us would even then want in every case to equate democracy with justice or rights. Take the issue of capital punishment, for instance. For a variety of reasons British politicians override public opinion, which favours capital punishment. If we are a democracy, we are a parliamentary democracy. American politicians are much more 'democratic' from a majoritarian point of view. So some qualifications are needed if a society or a system of government is to be called 'truly' democratic.

Some say that democracy really means liberty, even liberalism or individualism: laws must defend the (democratic) individual against the (democratic) state. Alexis de Tocqueville partly misread the early 19th-century USA to see democracy as almost a synonym for equality, whereas Andrew Carnegie in his bestseller *Triumphant Democracy* used it to celebrate a highly mobile free-enterprise, market society with great differences in wealth but all justifiable as the product of talent driven by the iron laws of evolution. A trade union conference in the 1930s was told by Ernest Bevin that it was not democratic for a minority to continue to question the decisions of the majority after a vote had been taken, and he received the equally sincere and confusing reply from an offending brother that democracy meant that he could say what he liked, how he liked, and when he liked, even against a majority of the Transport and General Workers Union – which was saying a lot in those days. Or democracy may be seen as a political system that puts constitutional restraints even upon a freely elected (hence democratic) government (the most sought-after use, but historically implausible and usually purely rhetorical). Opposed to 'constitutional democracy' are the ideas of 'sovereignty of the people' or 'the general will', which should prevail over formal constitutional limitations interpreted by lawyers. To some democracy meant little more than 'one man one vote' (and now women, of course), to which others would add hopefully 'plus real choices'. And in broad terms, embracing most of these usages, democracy can be seen as a recipe for an acceptable set of institutions, or else as a 'way of life' in which 'the spirit of democracy' becomes at least as important as the peculiarity of the institutions. For some think that the hallmark of such a way of life lies, indeed, in the deed and not the word: people acting and behaving democratically in patterns of friendship, speech, dress, and amusements, treating everyone else *as if* they were an equal.

One used to hear well-meaning liberals say, 'Well at least the Communists claim to be democratic.' But the trouble was that they *were* democratic in the sound historical sense of a majority consenting to be ruled in a broadly popular way and with a type of regime that needed, unlike old autocracies, to mobilize and enthuse the masses. These regimes no longer governed by the ancient and almost universal axiom of power elites in peasant societies, 'let sleeping dogs lie'; and the obverse of the coin, the peasant saying, as in Tennyson's poem, 'men may come and men may go, but I go on for ever'. Modern autocracies and great men and women make new demands on their populations and need their consent, whether natural or induced.

So we must not leap to the conclusion that there is a 'true democracy' which is a natural amalgam of good government as representative government, political justice, equality, liberty, and human rights. For such volatile ingredients can at times be unstable unless in carefully measured and monitored combinations. Is 'good government' or 'social justice' unequivocally democratic, even in the nicest liberal senses? Probably not. Tocqueville wrote in the 1830s of the inevitability of democracy, but warned against 'the dangers of a tyranny of the majority'. Well, perhaps he cared less for democracy than he did for liberty. But even Thomas Jefferson remarked in his old age that 'an elective despotism was not what we fought for'; and Oliver Wendell Holmes, long the great defender of civil liberties on the United States Supreme Court, once said sarcastically 'democracy is what the crowd wants'. John Stuart Mill, whose *Essay on Liberty* and *Considerations on Representative Government* are two of the great books of the modern world, came to believe that *every* adult (yes, women too) should have the vote, but only after compulsory secondary education had been instituted and had time to take effect. Today the politics of the United States and Great Britain become more and more populist: appeals to public opinion rather than to reasoned concepts of coherent policy. Political leaders can cry 'education, education, education', but with their manipulation of the media, sound-bites, and emotive slogans rather than reasoned public debate, Mill might have had difficulty recognizing them as products of an educated democracy. And our media now muddle or mendaciously confuse what the public happens to be interested in with older concepts of 'the public interest'.

'Democracy' may be a promiscuous and often purely rhetorical word and certainly not a single value embracing or overriding all other values in all circumstances, but I am not saying that we live in a world of the Mad Tea-Party in which words 'mean what I say'. There are limits, but these limits are to be found historically in four broad usages or clusters of meaning attached to 'democracy'. These we must briefly examine because they are at the root of our civilization, and of the hope that it will remain civilized and even perhaps (as the 19th century hoped) progress. As we consider them we must be aware of whether we are talking of an ideal or doctrine; or of a type of behaviour towards others; or of certain institutional and legal arrangements. Democracy can refer to all of these together or to each separately.

The first usage is found in the Greeks, in Plato's attack on it and in Aristotle's highly qualified defence: democracy is simply, in the Greek, *demos* (the mob, the many) and *kratos*, meaning rule. Plato attacked this as being the rule of the poor and the ignorant over the educated and the knowledgeable. His fundamental distinction was between knowledge and opinion: democracy is the rule, or rather the anarchy, of mere opinion. Aristotle modified this view rather than rejecting it utterly: good government was a mixture of elements, the few ruling with the consent of the many. The few should have *arete*, excellence, the idealized concept of aristocracy. But many more can qualify for citizenship by virtue of some education and some property (both of which he thought necessary conditions for citizenship). Democracy as a doctrine or ideal unchecked by the aristocratic principle of experience and knowledge was, however, a fallacy – the belief 'that because men are equal in some things, they are equal in all'.

The second usage is found in the Roman republic, in Machiavelli's great *Discourses*, in the 17th-century English and Dutch republicans, and in the early American republic: that good government is mixed government, just as in Aristotle's theory, but that the democratic popular element could actually give greater power to a state. Good laws to protect all are not good enough unless subjects became active citizens making their own laws collectively. The argument was both moral and prudential. The moral argument is the more famous: both Roman paganism and later Protestantism had in common a view of man as an active individual, a maker and shaper of things, not just a law-abiding well-behaved accepter of and a subject to traditional order. But the prudential argument was always there: a state trusted by its people was a stronger state; and a citizen army or militia was more motivated to defend their homeland than hired mercenaries or cautious professionals.

The third usage is found in the rhetoric and events of the French Revolution and in the writings of Jean-Jacques Rousseau. Everyone, regardless of education or property, has a right to make his or her will felt in matters of public concern; and indeed the general will or common good is better understood by any well-meaning, simple, unselfish, and natural ordinary person from their own experience and conscience than by the over-educated living amid the artificiality of high society. Now this view can have a lot to do with the liberation of a class or a nation, whether from oppression or ignorance and superstition, but it is not necessarily connected with or compatible with individual liberties. (In the European 18th and 19th centuries, remember, most people who cared for liberty did not call themselves democrats at all; they called themselves constitutionalists or civic republicans or, in the Anglo-American discourse, Whigs.)

The fourth usage of democracy is found in the American constitution and in many of the new constitutions in Europe in the 19th century and in the new West German and Japanese constitutions following the Second World War, also in the writings of John Stuart Mill and Alexis de Tocqueville: that all can participate if they care (and care they should), but they must then mutually respect the equal rights of fellow citizens within a regulatory legal order that defines, protects, and limits those rights. This is what most people today in the United States, Europe, the Commonwealth, and Japan etc. ordinarily mean by democracy – let us call it 'modern democracy', ideally a fusion (but quite often a confusion) of the idea of power of the people and the idea of legally guaranteed individual rights. The two should, indeed, be combined, but they are distinct ideas, and can prove mutually contradictory in practice. There can be and have been intolerant democracies and reasonably tolerant autocracies. In the modern era of industry, the mass franchise, and mass communications we can find it difficult to combine freedom and popular power.

The invention of democracy and *political* rule, and then the tradition of governing by means of political debate among citizens, has its roots in the practices and thought of the Greek *polis* and the ancient Roman republic. It is not myopically Eurocentric, or rather Graeco-Romano-centric, to see the history and actual alternative usages of 'democracy' thus. It is historical fact. Great empires, large-scale state formations first arose outside whatever land-mass area or mentality is meant by Europe, and universal monotheistic religions arose from the Middle East and Asia; but modern science and democratic ideas and practices first arose in Europe. Science, religion, and democracy all, of course, take on different modalities as they travel, and both influence and are influenced by different historical cultures.

Chapter 2
The place from where we started

> We shall not cease from exploration
> And the end of all our exploring
> Will be to arrive where we started
> And know the place for the first time
>
> (T. S. Eliot, *Little Gidding*)

Back to the word. *The Oxford Classical Dictionary* tells us that the word first emerged around the turn of the 5th to 4th centuries BC after revolts in Athens had removed a dynasty of tyrants from power. *Demokratia* was what the word meant: the rule (*kratos*) of the people (*demos*). 'Tyranny' originally simply meant rule by one man, not necessarily in our sense an oppressor, usually a usurper of kings; an individual tyrant could be good, bad, or not so bad. Nonetheless the tyrants were removed by a large number of the inhabitants of a *polis* or city state who were already beginning to think of themselves as *polites*, citizens of that state, that is with legal rights including the right to speak out and be heard and consulted on matters of common interest, the *politeia* or polity. Sophocles caught the tensions of this time of transition in the *Antigone* when Antigone's cousin Haemon argues for her pardon and her life with Creon the *tyrannos* or ruler. What had she done? Every schoolchild once knew that. She had defied his order and buried the body of her rebel brother Polynices in defiance of the law that the corpse of a traitor should be exposed to the vultures and the wolves, not buried in decency with customary rites.

Creon	Then she is not breaking the law?
Haemon	Your fellow citizens would deny it to a man.
Creon	And the *polis* proposed to teach me how to rule?
Haemon	Ah. Who is it that's talking like a boy now?
Creon	Can any voice but mine give orders in this *polis*?
Haemon	It is no *polis* if it takes orders from one voice.
Creon	But custom gives possession to the ruler.
Haemon	You'd rule a desert beautifully alone.

We still use the language of the *polis*, indeed almost the whole vocabulary of politics, ancient and modern, is Greek or Roman: autocracy, tyranny, despotism, politics and polity, republic, senate, city and citizen, representative, etc., etc., almost the lot except that one distinctively modern and terrible invention, terribly modern both as word and attempted deed, 'totalitarian'. That was a concept unknown and unimaginable in a pre-industrial age and one that would have been impossible but for the invention and spread of democracy as majority power. For both autocrats and despots depended in the main on a passive population; they had no need to mobilize *en masse*, nor was it easy or practical to take the peasantry *en masse* from working the land, nor were peasants much use in war when they were. Napoleon was to say: 'the politics of the future will be the art of mobilising the masses.' Only industrialization and modern nationalism created such imperatives and possibilities.

Democracy a fighting word

If to us 'democracy' is almost always 'a good thing', even if at times somewhat vaguely all things to all men, to the Greeks from the very beginning it was a partisan, fighting word, separating both philosophies of government and social classes. There were counter-coups by aristocratic factions against democratic ways of governing the state, and these factions and their publicists and their sympathizers throughout the centuries saw *demos* not as 'the people' in an honorific sense (as centuries later an aristocrat, Charles James Fox, was to move a toast in the early days of the French Revolution: 'To our sovereign masters, the People'); but rather as *the mob*, the ignorant and vengeful masses, those too poor to have any education that could fit them for public debate and public service; those all too easily swayed by demagogues trading promises for power. Plato in his dialogues venomously denounces democracy as being the rule of opinion over knowledge; only those with philosophical knowledge of the real nature of things were fit to rule – a view hardly popular, if we read him literally (and it is debatable whether we should), except to tyrants or kings. Broadly speaking, he favoured the idealized aristocratic virtues of excellence and personal perfection.

The fundamental democratic ideal was freedom (*eleutheria*). This was seen as both the political liberty, indeed almost the obligation, to participate in decision-making but also the private liberty to live more or less as one pleased. The most important liberty was freedom to speak out for the common good in the public assemblies and freedom to speak and to think as one chose in the privacy of the home or in the *symposia*, the male, social discussion clubs. Equality was prized, but it was legal and political equality, not economic in the least (except in fantasy in some of the dramatic satires and comedies, even equality for women in the *Ecclesiazusai*). And there was also the collective freedom of the city itself from conquest by others. The Greeks as a whole boasted that they were the *eleutheroi*, the free. Not merely were they collectively free (after some difficulties, most obviously, from domination by the Persian emperors), but they held themselves to be morally superior as individuals to those they called *barbaroi*, or barbarians, precisely because the barbarian Persians, however sophisticated, did not enjoy free politics and democracy. It was a cultural distinction, not a racial one: the culture of free men contrasted with the subjects of despotism.

The difficulties and disadvantages of aristocratic rule were many. The claim to have the rule of the wise and the experienced in the business of government had obvious flaws. Aristotle pointed out in his book of lectures *The Politics* and in his studies of constitutions that aristocracy as an ideal too often degenerated into either oligarchy, the rule of the powerful, or plutocracy, the rule of the rich. None the less skill and wisdom were needed in politics and the business of good government. The best answer lay in finding some middle way: the few ruling with the consent of the many, or 'ruling and being ruled in turn'. And, in any case, rule by the few always needed to placate the many, especially for the defence of the state and the conduct of war. In Athenian terms, someone had to pull the oars of the great trireme war galleys, and do so willingly and skilfully; not a job for sullen slaves or time-serving mercenaries but for willing citizens defending *their* city – or expanding its power aggressively.

2. Head of the goddess Minerva, found in Britain. She was the Roman manifestation of Pallas Athena, patron and protector of the *polis* of Athens.

The two faces of democracy

Democratic institutions, however, had their difficulties too, even if the Athenians were to personify democracy as a goddess, Demokratia, and to sacrifice to her alongside Athena, their protector and patron in all things. To involve all those entitled to have a say and to vote (tens of thousands, even if always a minority of the actual inhabitants of a city – women, youths, aliens, and domestic slaves always predominated numerically) meant cumbersome numbers, too many meetings, and frequent rotation of offices. We now call this 'direct democracy', as contrasted to our 'representative democracy' when all most of us do is vote for representatives at, to the Greek mind, dangerously long intervals. Theirs was what has been called a 'face-to-face society'. Indeed they did not believe that democracy was possible except in relatively small city states where everyone knew intimately what was going on. Aristotle even said that a city should be no larger than that the 'voice of the *stentor*, the herald or town-crier could be heard from one side of the city to the other, nor larger than that every citizen could know the character of every other citizen'. (We now know the others in our huge societies through watching television.) Aristotle probably thought that even the small empire of smaller cities that Athens accumulated around the Aegean Sea was their undoing.

The democratic ideal, however, was clear and one great statement of it that survived and echoed down the ages was the Periclean Oration, the speech of Pericles to his fellow Athenians extolling their democracy as recounted by Thucydides in his *History of the Peloponnesian Wars*. Once upon a time every schoolchild in the whole of Europe and the United States, in the new republics of South and Central America also, would have known at least such an extract as this. Study of the classics was rarely politically neutral and often far from reactionary.

> No one, so long as he has it in him to be of service to the state, is kept in political obscurity because of poverty. And, just as our political life

> is free and open, so is our day to day life in our relations with each other. We do not get into a state with our next-door neighbour if he enjoys himself in his own way, nor do we give him the kind of black looks which, though they do no real harm, still do hurt people's feelings. We are free and tolerant in our private lives, but in public affairs we keep to the law. This is because it commands our deep respect. . . . Here each individual is interested not only in his own affairs but in the affairs of the state as well: even those who are mostly occupied with their own business are extremely well informed on general politics – this is a peculiarity of ours: we do not say that a man who takes no interest in politics minds his own business, we say that he has no business here at all. We Athenians, in our own persons, take our decisions on policy or submit them to proper discussions: for we do not think that there is an incompatibility between words and deeds; the worst thing is to rush into action before the consequences have been properly debated . . .

Yes, indeed, 'so long as *he* has it in *him*'. Firm and effective belief in the equality of women and in the iniquity of slavery took another two thousand years and more to become general, and is still not universal; but emancipation demanded equal rights in an existing democracy (with all its ambiguities), it did not need to transform or reject democracy; indeed reformers in the 19th and 20th centuries, men and women alike, used democratic arguments. However, note two things. 'We keep to the law', indeed. It is self-evident that there can be no liberty for anyone without order. But the Greek concept of 'law' will seem strange to us, and the practical implications not always clear to them. They did not believe, as the oration might imply, that obedience to law followed from consent given after open public discussion and debate. For the overriding or basic laws were the traditions of the city itself, often attributed to a mythic founder and personified in the legends of its patron gods. These constituted the very identity of the city. To advocate changing these laws could be seen as a terrible offence, almost to advocate a collective suicide of identity, history, and sanctity. But, of course, laws or edicts for the management of the city had to be passed by public debate and could be changed for the sake of the preservation and welfare of the city and its fundamental laws. Edmund Burke, a traditionalist conservative in modern terms, famously said in the 1780s, 'we must reform in order to preserve' – which catches the same distinction, albeit one whose boundaries themselves are always debatable, always contestable, often vague. But do we not anxiously and most often inconclusively debate whether democratic rights should be allowed to those who threaten democracy? The usual answer is to try to distinguish between, once again, words and deeds. But words can be inflammatory and hateful and some violent deeds can be irritating but mainly symbolic, such as demonstrations that are disruptive for a day but pathetically inadequate to threaten general law and order or to bring down a regime as could the people in ancient cities. In language, as on old maps, borderlands are real enough even if there are no precisely positioned border fences.

Yet the admission that must be made about the Periclean Oration, made in all honesty and realism, is that Pericles was – the historians tell us – a kind of democratic dictator. The Greeks had a word for it, a demagogue. But consider what that shrewd statesman and clever demagogue felt he had to say to stir the people to support him. He gave them an ideal picture of themselves. He played on the Athenian popular mind, but that mind was democratic and had to be led or misled in such terms.

Democracy and polity

The other story in Thucydides, however, is a story of democracy unrestrained and of uninhibited class war, on which he implicitly blames the collapse of Athens in those prolonged wars between Athens and Sparta and their allies, colonies, and puppet states: 'when revolutions broke out in city after city' and 'fanatical enthusiasm became the mark of a real man' and bloody revenge became the order of the day both between and within cities, even within families. 'As a result of these revolutions, there was a general deterioration of character throughout the Greek world. The simple way of looking at things, which is so much the mark of a noble nature, was regarded as a ridiculous quality and soon ceased to exist.' His description of the tumults and massacres in Corcyra became almost as famous as the Periclean Oration. 'Our noble ancestors' reading the classics knew that democracy could pull the one way or the other. We too readily think that if it pulls in that path of violent revenge it cannot possibly be 'democracy', or we invoke not a goddess but an adjective – say 'true democracy'.

So I am sorry to tell the authors of many an American college textbook that Aristotle cannot be invoked as 'the father of democratic political thought'. He was aware of the difficulties of an unrestrained democracy. He saw three basic forms of government, each of which had an ideal and a corrupt form. Monarchy was the rule of one, but the monarch had to be perfectly just otherwise the rule degenerated into tyranny (and since a perfectly just man would be, in Greek ontology, a god, it is very doubtful if Aristotle thought this likely). Aristocracy meant literally the rule of the best, but all too often that degenerated into oligarchy (rule of the few) or plutocracy (rule of the rich). Democracy meant the rule of many but all too often degenerated into anarchy. A state was infinitely stronger if rulers were trusted by the people, if they could carry the people with them by free public debate, and at best they had emerged from the people. But a state needed an educated elite who possessed, not Plato's imagined absolute knowledge, but a kind of practical wisdom that was a mixture of education and experience. So democracy was an essential element in good government but by itself was unlikely to yield good government; not impossible but very difficult. The principle of democracy by itself was to Aristotle fallacious: 'the belief that because men are equal in some things they are equal in all'. If the only choice in practice was between aristocratic oligarchy and democracy, then he favoured democracy. But the advantage of an aristocratic element of influence in a city was that possession of modest property allowed leisure and leisure allowed education and the pursuit of knowledge, which was needed for government as much as for science and commerce. Thomas Hobbes was echoing Aristotle, for once, when he said that 'leisure is the mother of philosophy'.

So Aristotle taught that a blending of the aristocratic virtue of knowledge and democratic power and opinion yielded the best possible state. The name for that, if it needed a name – for if it was difficult to decide objectively whether a constitution was aristocratic or democratic, then the state was probably sound, just, and good – was *politeia*, a *polis* or polity: a state that made its decisions in a political not an autocratic manner. But a polity had to respect all interests in the actual state, not just a democratic majority. He said that in his dialogue *The Republic* his teacher Plato made the mistake of trying to reduce everything in the *polis* to a unity; rather it was the case that 'there is a point at which a polis by advancing in unity will cease to be a polis . . . It is as if you were to turn harmony into mere unison, or to reduce a theme to a single beat. The truth is that the polis is an aggregate of many members.'

So while democracy was a supremely important and distinctive element in Greek political life, the life of the free, the *eleutheroi* as contrasted to the *barbaroi*, it was still only an element, a part not the whole, in what later scholars were to call 'mixed government' or the Romans the *via media* – the middle way of republican government, in political life as well as in the ethics of everyday life. As we will see, as recently as the 1900s statesmen and politicians in Britain and the United States could debate whether the democratic element in their constitutions and political systems was too great or too little. To call the whole system 'democratic' was thought either unrealistic extremism or downright misleading. Some might still agree, if for different reasons. 'We find Solon [the legendary creator of the laws of Athens]', said Aristotle, 'giving the people two general functions of electing magistrates to office and of calling them to account at the end of their tenure of office, but not the right of holding office themselves in their individual capacity,' a line which could no longer be held by his day. What now seems very strange is that he also said that election to office was an aristocratic or oligarchical constitutional device, because the people would vote either for the best or for the richest and most powerful, while a democracy would choose its officers of state by lot. Strange? But a democratic franchise in a modern state rarely avoids the creation of a political elite of office holders. Elected members are not elected because they are necessarily of the people but more mundanely because they want to be elected and can attend lots of party meetings and social events in the evenings, and even that in some countries is a somewhat ideal picture compared to money and patronage. Perhaps the best that modern democracies can hope for is not the avoidance of political elites but 'the circulation of elites', as Joseph Schumpeter suggested in his *Capitalism, Socialism and Democracy* (1942). And do we not think it more just to choose juries by lot rather than by election, appointment, application, or examination tests?

However we construe the origins (and ambiguities) of democracy, the governments of the Greek city states could not have survived as long as they did, lacking bureaucracy and with constant rotation of office, succumbing indeed not by internal collapse but to military conquest by Rome, if there had not been an extraordinary dedication to public business by a citizen class. The Greeks believed that citizenship was the highest end of man, and that immortality consisted in being remembered for services to the *polis*. The immortal gods had founded the city states, and mortal men who had preserved these states in times of crisis or who had founded new ones joined the gods on death, transformed into demi-gods. For the Greeks saw no absolute or ontological difference in substance between men and gods that could not be bridged by service to the state. The supreme individual moral virtue was *arete*, a blending of thought and action, neither the one without the other. Homer gives Achilles *arete* as a 'doer of deeds and a speaker of words', super-abundant *arete* indeed since he had had Charon, a centaur, as tutor: someone half-man and half-beast, thus half reason and half compulsive energy. There was no trace of modern notions that all people have inherent rights: rights were only earned by being an active citizen, certainly not a sit-back-and-beg modern consumer democracy. Harsh, however, to those who did not earn their civic keep or were, like women, judged incapable of the duties of citizenship.

The deepest thinking about the nature of political life, its aims, morality, and limits, came out of Greece. But when 'our noble ancestors', as men once said, the English parliament men of the mid-17th century, the Scottish covenanters, the Dutch, the American, the French republicans argued that government need not be autocratic or royal, indeed overthrew such governments, it was to Rome, not to Greece, that they looked back for proof that better forms of government were possible. These forms and principles they called 'republican'. The example of Greek democracy seemed so much better in theory than in practice. Enemies of democracy could find good stories too in the bloodshed and anarchy portrayed by Thucydides and others rather than the tempered reasoning of Aristotle, who found the democratic element in a polity a necessary but not a sufficient condition for justice and good government.

Roman republicanism

The inhabitants of the early city of Rome also saw themselves as a sacred community of men and their gods, who were a pretty interventionist lot. For some reason they helped the inhabitants of Rome become citizens by getting rid of their kings. The Romans had their version of *arete*, which they called *virtus*, a word misleading if translated as 'virtue' in a modern moral sense: it was the specific virtue or element that a citizen should possess to do whatever was needed for the preservation, expansion, and glory of the state. It was closer to 'courage' than 'virtue' and, of course, it comes from the Latin *vir* for man, as in our virile or manly, not virtuous. Almost by definition women were out of the polity, now seen as the republic, the *res-publica*, the things that are common. Of course 'republican' then meant no kings never no more, but it also meant the constitutional beliefs that bound the classes together. There was class warfare at different points in the early republic, but it was never, as for long periods in Greece, generally seen as democracy versus aristocracy, as if possible and absolute alternatives; rather it was about a balance of power between the senatorial class and the people, the *populus*, in the *respublica*. They realized their mutual dependency as a military nation, first threatened and then more and more threatening, conquering and expanding into empire – the rule of one culture over others. Military technology and citizenship were closely related. The highly elaborate tactics and manoeuvres developed by the Romans demanded both intense collective discipline and high individual skill. The aristocrats were officers who fought among their men, not a caste set apart on horseback; and the common soldiers were craftsmen, not badly armed peasants relying on weight of numbers. It is hard to tell which is cause and which is effect: either the *populus*, the people, had to be or could be trusted with arms. The aristocracy had to remain at least to that degree popular. The army and the city mob of Rome itself had to be integrated into the political community. The long and desperate war against Carthage finally cemented this alliance and made the Romans see it, when they and Greek scholars came to write histories, as the key to their power: 'mixed government', neither solely aristocratic nor solely democratic. Polybius described the Roman constitution as 'the Senate proposing, the people resolving, and the magistrates executing the laws'.

The practice, however, was a potent mixture of republican patriotism and harsh and often brutal aristocratic realism, as tersely asserted on the ensigns of the legions and stamped on all military stores: 'SPQR', *Senatus Populusque Romanus* – The Senate and the People of Rome: this union was the basis of their power over their

3. Nineteenth-century image of a centurion on Hadrian's Wall. On the standard is 'SPQR' – the Senate and the People of Rome.

neighbours. That put the frighteners on them that outside intervention could not divide the patricians from the plebeians (the tale of Coriolanus notwithstanding), as had been the story of much of the Greek internal warfare. Cicero sanitized this magisterially as a formula of constitutional law in his famous '*potestas in populo, auctoritas in senatu*', which he said would guarantee a moderate and harmonious system. But he must have known that that was a nice, tactful legal way of putting what was also a grimly realistic maxim of political prudence. The authority of the Senate and the patrician class, who alone composed the Senate, depended on their never forgetting that in the last analysis power lay with the people of the city of Rome. The people collectively could not govern, but they could tear government down. The main constitutional device for enshrining this maxim was the institution of the tribunes who were magistrates elected by the plebeians, the common people. In the early republic they gained authority from actual meetings of the people in a democratic assembly, the *concilium*, but later the assemblies became irregular and eventually ceased to meet; and always the tribunes to be elected by the people had to be of the senatorial class. But tribunes had a power of veto. It was recognized that no commands of the Senate were constitutionally proper, *or likely to be effective in practice,* unless they could carry the people with them. So the aristocrats who sought elections as tribunes had to be or be able to play the demagogue. Their power was ordinarily limited to a single annual term of office, but this was sometimes set aside if no one cared to take the risk of challenging them.

Consuls were annual officers, but during that time they could apply the authority of the Senate which, in turn, limited others in public law but knew no limits itself: they exercised the *imperium* of the former kings, or the collective power of the whole state. While citizens ordinarily were protected by known laws and a reasonably impartial judicial system, *imperium* could override all. *Imperium* or absolute authority did not cease when the Tarquin kings were killed or turned out, but was exercised for the whole community by the Senate and the consuls – albeit with the possibility of veto by the tribunes. Foreign policy was a senatorial matter and not subject, with some famous exceptions, to popular control. Thus the Roman constitution was, in very broad terms, closer to the 18th-century British idea of the sovereignty of parliament rather than either the French idea of sovereignty of the people or the American idea of constitutional restraints upon government. The republican spirit was that of the citizens (*cives*) of the city (*civitas*). The senators might, like English MPs of the unreformed parliament, own huge landed estates; but in the Senate they were in the midst of, at times literally surrounded by, the city and its tumultuous citizens.

Imperium as a shared cultural value carried with it not just authority plus power (limited only by political prudence) within Rome, but an absolute assertion of external authority over others: the states they defeated or who sought their dangerous protection. *Imperium* was also a certain self-confidence or unbending arrogance that the Romans were as famous for as their justice. Some English at the height of empire and American leaders today are of the same character (imperial power does that to people). Economic factors condition the basic divisions of power in a society, but how that power is actually used depends most often on astonishingly independent patterns of values. *Dignitas*, for instance, was the personal value most prized and cultivated by the patrician or senatorial classes; but every commoner also had his *libertas* and was expected to assert and exercise it actively. *Dignitas* was the quality that marked out a great man from a small, but the *libertas* of the small man was freedom to do what the law allowed him to do, free from arbitrary interventions, and not to suffer more than the law allowed him to suffer. Both were adhered to with equal tenacity. Livy describes a Roman gentleman of the old school as being 'as mindful of the *libertas* of others as he was of his own *dignitas*'. The early republic cultivated myths and stories of exemplary simplicity of manners and unselfish patriotism at whatever personal cost. Cincinnatus, general, saviour of his country, disbands his legions and returns to the plough. There were men like that – as Washington after leaving the presidency was hailed as 'the American Cincinnatus'. Later Abraham Lincoln could remark teasingly 'that "Honest Abe" is most useful to Abraham Lincoln'. If returning to the plough was a way of making a political point, the point made was a good one.

The realism of the Romans about the relationships between power and consent can be seen in the office of *dictator*, for dictatorship was a constitutional office in republican Rome. One man (or two men in early practice) had the unfettered *imperium* surrendered to him for the duration of an emergency. If he attempted either to continue in office after an emergency was over or to prolong the emergency artificially in order to retain power ('did Caesar really need to invade Britain or was this yet another of his excuses to hang on to military command?'), he was *ipso facto* an outlaw. Any man had licence to kill him, if they could. Tyrannicide was the most extreme but the greatest political virtue. The Brutus who killed the last king and his descendant who killed the first Caesar were equally honoured in republican writings. If tyrannicide was never likely to be an effective mechanism to restrain the abuse of power, yet the idea shows the desperate intensity with which the Romans pursued two sometimes incompatible values: the survival of the state and personal freedom and honour. The night that John F. Kennedy was assassinated a weeping friend phoned me to say, 'But Bernard, in all this we must never forget that real tyrants should be killed.'

Roman government thus involved both a complex set of institutions and a most elaborate and rationalized set of values, the latter consciously taught, analysed, lauded, and perpetuated in schools, in literature, and in history, both then and in later ages. That Rome, even of the republic, could become an empire without losing, for that reason (for several hundred years at least), her internal freedoms was due to a way of looking at these very values that was revolutionary in the ancient world. The 'Roman way of life' could, they believed, be learned, earned, and adopted by foreigners. It did not depend on the ethnic composition of the original citizens, nor on the blessing and protection of a set of gods who would only work for their own city. Foreigners taken into citizenship could bring their gods with them, so long as both were loyal to Rome. The Romans actually professed to believe that while their city had had an heroic founder, no less than Aeneas, son of King Priam fleeing from Troy, his successors had gathered followers by making the city a refuge for outlaws and exiles. Despite their rigid class structure, this tough-minded respect for ability rather than birth or descent was ingrained right at the heart of the foundation myth that gave the Romans their sense of identity.

The separation of citizenship from race and finally from the divine protection of local gods was to have momentous consequences. Rome could extend citizenship to allies or even to the pacified elite of conquered nations. Roman law gave a priority to the *ius civile*, the laws of the city of Rome itself, but there was also the *ius gentium*, recognitions of the indigenous laws of the *gens*, the tribes, the other peoples and cultures in the empire. Thus the Romans broke from the severe limits of scale of political organization imposed by Greek culture and values. Loyalty was due not just to 'our noble ancestors' but to perpetuating and propagating the idea of republic itself, a civic religion. It was thus a culture more dominated by law and politics than was even the Greek. Finally the republic was torn to pieces by rival power-hungry tribunes or dictators like Pompey, Sulla, and Julius Caesar. The time of the emperors entered in, at first pretending, like Augustus Caesar, to be simply first magistrate and to follow the forms of the republic (by leaving the Senate but coercing or bribing it). But even when all pretence was thrown away and the lawyer Ulpian in his *Institutiones* in the 3rd century AD set down the great formula of autocracy, '*Quod principi placuit legis vigorem habet*' – what pleases the prince has the force of law – he felt he had to add 'because the people of Rome had conferred their *imperium* and power upon him'. That they never did, unless fear, apathy, or the diversions of 'bread and circuses', *panem et circenses*, counted as a donation of power. But that this shred of democratic legitimacy had to be invoked suggests that it also contained a prudential reminder of the fear of popular power. The legions could be recruited from the countryside but the people were still there in the city.

Chapter 3
Republicanism and democracy

It is a nice reckoning
To put all the governing
All the rule of this land
Into one manne's hand.
One wise manne's head
May stand somewhat in stead:
But the wits of many wise
Much better can devise
By their circumspection
And their sage direction
To cause the common weal
Long to endure in heal.

(Skelton, 'Why Come Ye Not to Court?')

From the time of the Greeks until the 18th century we hear no loud or interesting voices speaking of democracy as either a *doctrine* of principles and institutional arrangements to be put into practice ('have we the right institutions?') nor as a *theory* that might help to explain the rise and fall of states ('are we democratic enough or too democratic?'). But if that word is either lost or too frightening to use, even at first by republicans, we do hear something about republics in the Roman manner and strong echoes of Aristotle's argument about the priority of political rule. This must be kept in mind. Democracies can act tyrannically towards individuals and minorities, but not if they act politically: that is, attempting to conciliate all the main interest groups within a state. Political rule is at least a precondition for just and stable democratic regimes.

Political rule

This argument crops up in some, at first sight, unlikely places. A chief justice of the King's Bench of England, caught up in the Wars of the Roses, wrote a manuscript for the Prince of Wales *On the Governance of the Kingdom of England* (even if it had to wait for publication until 1714). In it he said:

> Ther bith ij [two] kindes off kingdoms, of which on is a lordship called in laten *dominium regale*, and that other is called *dominium politicum et regale*. And thai diversen [there difference] in that the first kynge may rule his peple by suche lawes as he makyth hym self . . . The secounde kynge may not rule his peple bi other lawes such as thai assenten unto.

His royal master or patron may not have been very interested in the political rather than the absolute manner of rule, but Sir John Fortescue was not making it up. There were two kinds. Parliaments were common in medieval Europe (only in the 16th and 17th centuries did most of them become suppressed). They mainly represented the nobility, the higher clergy, and sometimes city governments (in England 'the Commons' were a somewhat wider social base of the gentry as well as the nobility in the House of Lords) – these were Fortescue's 'peple'. None of this we could reasonably call democratic. But there was potential democratic institutional device at work: that the kings needed the positive assent of these assemblies to make new laws and, above all else, to raise supply and taxes when they could not, especially in times of war, 'live of their own'. Three centuries later this is what gave parliament ascendancy over Charles I, who otherwise did his best to govern without it. And there was then, as in Fortescue's time, usually no one else to gather the taxes than the magnates and gentry summoned to these parliaments. Putting the taxes 'out to farm', that is the crown selling tax-gathering to a contractor, was highly unpopular as well as corrupt. All this was a matter of political power, of course, not of principle; but so it was. A pretty small class were his 'peple', but they were then those who counted politically. The citizen class in Greece and Rome had never been a majority of the inhabitants, not even of the city of Rome itself. But notice that Fortescue says both *politicum* and *regale*. The royal power, like the Roman *imperium* even in the republic, was needed for the defence of the realm and to enforce the laws; and the lawyers held that for these two functions the king's power was absolute. Modern democracies, as we will see, cannot escape the need to have some provision for emergency powers. The two sides of the coin of government are always there, both power and consent.

The political limits on absolutism in England can be shown by an incident in the reign of the 'great king'. A doubtless apprehensive Bishop Gardiner was summoned before Henry VIII at Hampton Court specifically to be asked if the king, like the Roman emperors, could not simply have his 'will and pleasure regarded as law'. From prison in the next reign he wrote a lively if perhaps self-justifying account of the encounter:

> The Lord Cromwell was very stout, 'Come on my Lord of Winchester,' quod he (for that conceat he had, what so ever he talked with me, he knewe ever as much as I, Greke or Laten and all), 'Answer the King here,' quod he, 'but speake plainly and directly, and shrink not, man. Is not that,' quod he, 'that pleaseth the King, a lawe? Have ye not ther in the Civill [Roman] Lawe,' quod he, '*quod principi placuit*, and so fourth?' quod he, 'I have somwhat forgotten it now.' I stood still and wondered in my mind to what conclusion this should tend. The King saw me musing, and with earnest gentelnes sayd, 'Aunswere him whether it be so or no.' I would not aunswere my Lord Cromewell, but delivered my speache to the King, and tolde him I had red in dede of kings that had there will alwayes receaved for a lawe, but, I told him, the forme of his reigne,

> to make the lawes his wil, was more sure and quiet. 'And by thy forme of goverment ye be established,' quod I, 'and it is agreable with the nature of your people. If ye begin a new maner of policye, how it will frame, no man can tell; and how this frameth ye can tell; and I would never advise your Grace to leave a certeine for an uncerteine.' The King turned his back and left the matter after.

A cunning and a good reply. On the one hand, if you are secure enough already, don't risk rocking the boat – the prudential restraints on power; and on the other, the hint that power rests on 'the nature of your people'. Which was? Best not probe too far. Let sleeping dogs lie. Rebellion was always on the cards.

A Machiavellian moment

Thomas Cromwell was among the first in England to have read Machiavelli's *The Prince*. But one wonders if he had also read *The Discourses*, for there the republican Machiavelli emerges. A state is stronger that can carry its people with it and can trust them with arms. A patriotic citizenry fights harder than hired mercenaries. Yes, princely power used ruthlessly is necessary to create a new state, to save one in times of emergency or to restore one whose inhabitants have lost *virtus*, that Greek and Roman patriotic and civic toughness. But to preserve a state through time, power should be spread; a republic is far superior. The greatest single heroes of antiquity, he says, were men who created republics out of unlikely material but then left them to govern themselves. The power of the people is great and needs to be harnessed by being given a share in a balanced constitution: 'Every city should provide ways and means whereby the ambitions of the populace may find an outlet, especially a city which proposes to avail itself of the populace in important undertakings.' At that point Machiavelli brings the political ideas of the Roman republic into the early modern world. His 'important undertakings' were mainly military training for the defence of the city, or for pre-emptive strikes. But what if a traditional state with a peasant economy in our later modern world seeks to industrialize? It will need not merely to train its masses but to ensure their support, in one democratic way or another, especially as they are now dangerously gathered together in cities. He is at that strange cusp of time when progress has to look to a far past to emancipate itself from feudalism and clericalism. Machiavelli half believes, with Plato, that history is cyclical: monarchy degenerates into tyranny, tyranny provokes democratic revolt, but democracy then proves so anarchic that a monarch or prince has to be found or restored, but then his rule degenerates and provokes democratic revolt . . . But he does believe that with political will and skill and some luck (there is always 'Fortuna' in political life, never inevitability) the right balance of forces can be found to preserve a city through time.

He invents or stumbles upon a theory of modern politics that is one of the two main alternative accounts of democratic politics. The most commonly held and seemingly obvious view is that democracies must try to create a popular consensus of values; but it can also be that they are good at and good for managing inevitable, continuing tensions and conflicts of both values and interests. 'Those who condemn the quarrels between the nobles and the plebs, seem to be', he says, 'condemning the very things that were the primary cause of Rome's retaining her freedom.' In every republic there are 'two different dispositions that of the populace and that of the upper class and that all legislation favourable to liberty is brought about by the clash between them'. So, he concludes, 'if tumults led to the creation of tribunes, tumults deserve the highest praise'. Could democratic institutions, I will ask, be a way of rendering inevitable conflicts creative, not just tolerable? (That is what some have optimistically thought a competitive two-party system would ensure.) And Machiavelli can still remind us that 'those republics which in time of danger cannot resort to a dictatorship will generally be ruined'. Even Rousseau was to say that 'the people's first intention is that the state shall not perish'. And Lincoln would air the eternal dilemma: 'Is there in all republics this inherent and fatal weakness? Must a government of necessity be too

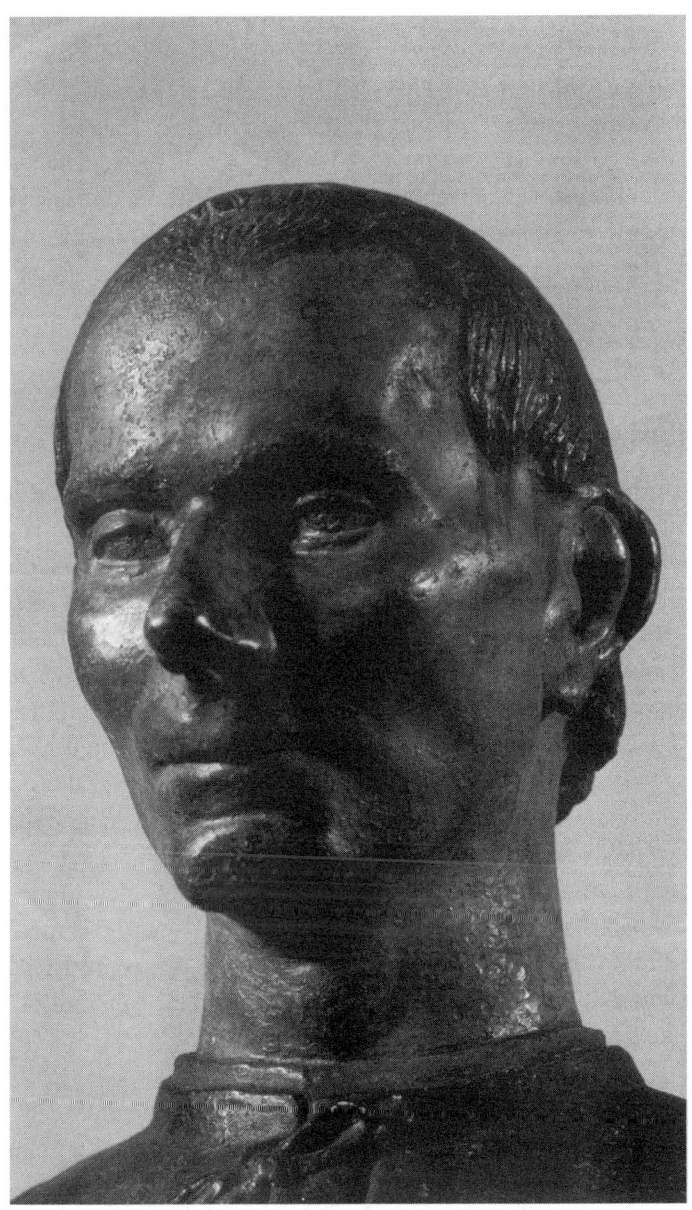

4. Machiavelli, author of the republican *Discourses* as well as *The Prince*.

strong for the liberties of its people, or too weak to maintain its own existence?' Thankfully his own conduct both as politician and as war leader answered his own bleak question – 'not necessarily'. However, Machiavelli's republicanism is limited to a world of independent cities. They may combine temporarily to defend themselves against invasion by the kingdom of France or the Habsburg imperial power, but freedom and politics in his analysis were only possible in the Italian cities and German free cities of his day. He even advocated the 'pruning', cutting out, or purging of those '*gentiluomini*' who by owning large landed estates outside the city lacked civic spirit and identification.

English civil war

So in the Italian city states, as in the Greek city states and in Rome itself, we have been dealing not merely with civic elites who are a small proportion of the total population, but elites who think that they must necessarily be small. The old Aristotelian analysis seemed almost self-evidently true: possession of property creates leisure and leisure creates both education and time for civic activity – the necessary conditions for citizenship. It is in the civil wars of the mid-17th century in the British Isles (not, please, 'the English Civil War') that we first hear clearly a republican, indeed an egalitarian, claim (in the mouths of a faction called 'Levellers') so general that it sounds fully democratic. The Putney debates between elected representatives from the regiments of the victorious New Model Army (called 'agitators') and their generals, Ireton and Cromwell, which had begun on the issue of back pay, soon turned into a profound discussion of the franchise and the whole constitution of the kingdom.

Violent events brought to the surface 'the underworld of largely unrecorded thinking', as Christopher Hill related in his studies of the myth of 'the Norman Yoke'. It was widely believed by the common people that before 1066 the Anglo-Saxon inhabitants of this country had lived as free and equal citizens, giving allegiance to kings, earls, and thanes democratically and conditionally. The Normans had deprived them of their liberties and their freeholds. 'Magna Carta', said Overton, who with Lilburne and Walwyn were the leaders of the Levellers, 'was but a beggarly thing, containing many marks of intolerable bondage and the laws that have been made since by parliaments have in very many particulars made our governments much more oppressive and intolerable'. Magna Carta was, indeed, a treaty or a stand-off between king and barons giving little or nothing to the common people, and the Levellers were irritated that the great ones of the realm and the lawyers made such a song and dance about it.

An extreme faction of Bible fundamentalists called 'the Diggers', because they began communal cultivation of unused land at St George's Hill, Surrey ('The earth is the Lord's and the fruits thereof' plus 'His saints shall inherit the earth'), justified themselves to General Fairfax and his Council of War in December 1649:

> Seeing that the common people of England by joint consent of person and purse have caste out Charles our Norman oppressor, we have by this time recovered ourselves from under his Norman yoke, and the land is to return into the joint hands of those who have conquered – that is the commoners – and the land is to [be] held [back] from the use of them [the commoners] by the hand of any who will uphold the Norman and kingly power still.

This scepticism about the common lawyers' view of Magna Carta, which became one of the great myths of parliamentary government in the 18th and 19th centuries, did not vanish for a long time. Bronterre O'Brien said on a Chartist platform in 1837 'our own ruling class . . . *wrung* their Magna Carta from King John', therefore, he continued, they should do the same.

The Putney debates contain a classic defence of a property-based franchise, because for the first time it has to answer an explicit claim by the common soldiers and their representatives (in the language of the day called 'agitators') that because they had fought voluntarily to preserve common liberties against the king, they had a right to a vote. One Sexby said:

> There are many thousands of us soldiers that have ventured our lives; we have but little property in the kingdom, yet we have a birthright. But it seems to me now that you argue that except a man hath a fixed estate in the kingdom, he has no right in the kingdom. I wonder we were so much deceived. If we had not a right to the kingdom, we were mere mercenary soldiers. There are many in my condition; it may be that they have little property of estate at present, but they have as much birthright as my lords Cromwell and Ireton, as any in this place.

This is moving and forceful, but notice that two quite different arguments are being made. The one is 'fit to fight, fit to vote', essentially that of the Roman republic and of Machiavelli. If you want us to do the fighting for you, you must take us into the polity. That must have had some worrying force behind it. But the other argument was far more radical – 'birthright': being a freeborn Englishman in itself created a right to vote. This appears to challenge the whole ancient and republican edifice of the qualification for citizenship being built upon education and reason (that can only come from education), not military service alone or simply the 'will' of any individual. He appears to be on the edge of inventing or invoking a philosophy of natural rights that would include civil rights, and there was no warrant for this in any contemporary philosophy, nor did the Bible say that we have a right to vote. We are all equal in the sight of God, there is 'neither Greek nor Jew, circumcised or uncircumcised', we are all the children of one heavenly father; but spiritual equality related to salvation does not help us deconstruct in all circumstances the gnomic text 'Render therefore unto Caesar the things which are Caesar's; and unto God the things that are God's'. Ireton and Cromwell plainly saw the appeal to birthright as 'vain and empty words', rhetorical blather, perhaps a claim to be treated justly as a fellow countryman but not to have been given by God or nature (still less by force of arms) an equal voice in determining what was just.

Ireton replied that there was no question but that there should be representatives and that they should be 'elected as equally as possible':

> but the question is whether the election of this representative should be made by all people equally, or among those equals that have an interest and property of England in them. I stand firm to my opinion . . . Property is a creation of civil society: in the state of nature there is no property, nor any foundation for any man to enjoy anything but his bare sustenance and survival. Truly, no man can take away from you your birthright, but in civil society there are laws and a constitution as well as birthright, and no man has a birthright to the property of another. If all men shall vote equally, many shall soon pass to take hold of the property of other men.

Which provoked the response from a Colonel Rainborough, 'Sir, I see that it is impossible to have liberty but that all property must be taken away. If it be laid down for a rule, and if you say it, it must be so.' And he cried out, 'The poorest he that is in England has life to live as the greatest he.' This I heard quoted often by Harold Laski and then in the 1950s by Aneurin Bevan as a staple of Left-wing platforms. But unhappily a decade or two later historians began to show from Leveller pamphlets and manifestos that they too believed in a property franchise: servants, apprentices, debtors, and tenants should not have the vote because they would be in the power of another, not capable of *independent* judgement. Rainborough had no desire whatever 'that all property must be taken away'; he was parodying Ireton's *reductio ad absurdum* and was himself arguing for a wider property franchise. 'Independency' grew as a social ideal as well as reflecting the self-image of a large number of commoners who saw themselves collectively as 'the people', but their self-definition excluded large numbers, almost certainly a majority. Democracy is perhaps a step nearer, but paradoxically individualism of this independent (rather than mutually dependent) 'yeoman' kind would long be an obstacle.

Even the philosopher John Locke a generation later could not break the assumed necessary link between property and citizenship, but he added a very bourgeois stipulation against aristocratic and hereditary claims: the possession of property, he said, was justified if it had been taken out of nature and mixed with 'the labour of his body, and the work of his hands', in other words improved. He made clear in his seminal *Second Treatise on Civil Government* that God allows us 'as much [property] as any one can make use of to any advantage of life before it spoils, so much as he may by his labour fix a property in it. Whatever is beyond this', however, 'is more than his share and belongs to others. Nothing was made by God for man to spoil or destroy.' If the English Commonwealth had collapsed yet both ideas and events began to open up new possibilities. The claim to a 'birthright' made in the Putney debates becomes through Locke a widely held belief, especially in the American colonies, that we are all born with a natural right to 'life, liberty and estate', as Locke said. The idea of natural rights is invented. That is what man is (or rather what God has given to man): a bundle of rights. And if these rights are violated by government, people may take back the rights that they have but lent to government. In Locke there is a carefully hedged right of revolution. What is this 'estate'? It seems to be not property right in general (which can be justified in Lockean terms) but a combination of the minimal possession of things that can guarantee our independence, our individual autonomy; and our 'estate' – which had the connotation of status or dignity ('when I came to man's estate', as Feste sings).

The American cause

The American War of Independence was neither a revolution nor fought for democracy, but it was to have revolutionary and democratic consequences. The British system of government in the decades before the war made no pretence whatever to be democratic. There was agitation, very much helped by the example of stirrings in the 13 colonies, for a more equal representation in parliament of what the libertine, demagogue, and reformer John Wilkes called 'the middling men'. Most of their leaders, himself indeed, regarded themselves, with varying degrees of sincerity and cynicism, as 'tribunes of the people' but not of the people. Generally the reformers were called 'the patriots', following the example of those in the American colonies who had protested against royal authority and then were driven to challenge parliament itself. They were patriots because they said that this is our *patria*, our country, our land which we work with our hands. And the English patriots (to whom, of course, Dr Johnson was referring when he rudely said, probably thinking of 'Jack' Wilkes, 'patriotism is the last refuge of a scoundrel') enjoyed the added implication of the term that the king, the court, and the great lords could be derided as too cosmopolitan – German connections and effete French manners. And in this caricature there was an occasional rhetorical whiff of the Norman yoke again. Very few of the reformers favoured universal manhood suffrage, as when Alderman William Beckford addressed the Corporation of London in 1761: 'Gentleman, our constitution is deficient in only one point, and that is that pitiful little boroughs send members to Parliament equal to great cities; and it is contrary to the maxim that power should follow property.' Perhaps it was failure to think through that Whig maxim that made American separation inevitable then, rather than later. Even Wilkes, the hero of the mob, was far closer to Alderman William Beckford than to Tom Paine's 'rights of man'.

The American question revealed a deeper fear doubtless going back to memories of the English civil war and the brief but frightening interlude of extreme republican, *almost* democratic, ideas. A common and obvious suggestion about how to conciliate the restive colonists was to grant them parliamentary representation. Indeed some argued that they should have it as of right, for certainly there should be no taxation without representation. That seemed axiomatic to many English Whigs. William Pitt, Lord Chatham, the great leader in the Seven Years War, had actually argued that the Stamp Act on the American colonies (to pay for their own defence) was unconstitutional, illegal. There could be no taxation without representation. Parliament was not sovereign in all things. This was a powerful argument, but a minority view in parliament. *Hansard* reported an unnamed MP speaking against the repeal of the Stamp Act:

> There can be no doubt that the inhabitants of the colonies are as much represented in parliament as the greatest part of the people in England are, among nine millions of whom there are eight who have no voice in electing members of parliament: every objection therefore to the dependency of the colonies upon parliament, which arises on the ground of representation, goes to the whole present condition of Great Britain.

If we let the American representatives in, we will have to let those eight millions be represented too. They were, of course, held to be well enough 'virtually represented' (Edmund Burke's helpful phrase) by the combined experience and wisdom (called 'prescription') of their betters in parliament. The MP's panic was premature, but the point is that at last we can see conditions arising in which, even if there was no strong movement for democracy (the actual reformers of the day were in much the same mindset as the Levellers, favouring the minimum property franchise that could ensure 'independency'), there is a real fear of democracy arising, not just something read about in old books setting out 'the good old cause'. Those who opposed reform of any kind caricatured the reformers as anarchic democrats. Some reformers when fitted out with that cap began to wear it provocatively, even proudly.

The predominant temper of mind in the American colonies was that of 'independency', an active individualism that linked both the merchant community and the small farmer. 'I am a freeholder and own my own land', as the young man woos his love in the Appalachian folk song. For in nearly all the state assemblies the franchise was already wider than in all but an exceptional few English constituencies, wider not out of democratic sentiment but because of the wide availability of public land. A right to vote based on a 40*s*. a year taxable freehold was common. More people were accustomed to democratic devices of government: voting, petitioning, and public debate; and, increasingly, demonstrations and rioting when ignored. 'The mob cry "Liberty and Property",' wrote home a royal official, 'a sign they are about to fire a warehouse'. The leaders of the protests, which when ignored and when parliament failed to offer any adequate political and constitutional compromise, turned into a claim and struggle for independence, were of a republican rather than a democratic frame of mind. They wanted an active citizenry but one with a minimum property franchise to ensure some education, some responsibility, some stake in the land. These were 'the people', both to the radical Jeffersonians and to the more conservative followers of Washington and John Adams. But they both strongly favoured constitutional government, that is, a written constitution which would be interpreted not by an elected assembly, the Congress, but by a supreme court; and, in the final constitution, a President bound by oath on appointment to enforce the decisions of the courts – even against the executive government and the Congress itself. John Adams famously said that the new constitution was 'a government of laws and not of men'. While the English parliamentarians revered the English constitution, which under the doctrine of parliamentary sovereignty was what they said it was, Adams said that 'sovereignty is very tyranny'. When the Americans called themselves in their state papers a republic, this did not just mean 'no king': it meant government by elected representatives of 'the people'. But again we must pause to construe that resonant word: much as for the Levellers, it meant all adults except those without taxable property and, of course, women, Indians, and slaves. The claim for separation and self-determination was based explicitly on a Lockean notion of the inherent rights of all (worthy) individuals. The excluded categories were silently passed over for another half-century or more.

5. Thomas Jefferson, draughtsman of the Declaration of Independence.

In the new United States Thomas Jefferson, propagating, almost personifying, the cult of 'the common man' designed and built (had built) his own house at Monticello. He used the latest inventions: the stylograph, so that as he wrote one letter delicate levers attached to his pen moved other pens to make copies – no need for a clerk. He invented or modified the 'dumb waiter' and the 'service lift' so that with true republican simplicity he could serve his guests at table himself, while out of sight the slaves below prepared and pushed up the food. (I had to be reminded at table in Tennessee in 1954 that it was part of 'the code' not to discuss 'the Question' in front of 'them', the attentive waiter, of course.)

'Democracy' was invoked, however, in the extraordinary debates in and surrounding the Philadelphia convention that created the new federal constitution of 1787. It was the very height of a kind of writing that had begun in the protest and independence movement that an American scholar, Perry Miller, once called 'citizen literature': reasoned debate about the fundamental aims and devices of government conducted on a level demanding critical intelligence, but in good plain English to reach the ordinary voter. *The Federalist Papers*, written by Publius, of course (Alexander Hamilton and James Madison) was only the finest and most sustained example. The pamphlet literature surrounding the civil wars of the previous century was the sole precedent of such a kind on such scale. The last time that such high-quality public reasoning happened in Britain was over the Irish question and the Lords reform between 1886 and 1914. (Lament the contrast with today in the dumbing down of great issues in the media or the internalizing of them into the arcane language of the academy; the Scots did produce impressive 'citizen literature' on devolution, but few people read it.) In this American 'citizen literature' there were two great issues: the powers of the central government as against the 13 states; and the checks and balances on how far democracy should reign and the franchise reach down.

The Philadelphia debates virtually invented the idea of federalism as an agreed, legally regulated, and binding distribution of power under a written constitution between a central government and provincial governments. Previously the term had had a very loose meaning, mainly relating to such as the Achaean League in ancient Greece, a treaty between independent cities for common institutions and action for limited purposes; like the 18th-century Swiss confederation, the constituent parts were either free to go or each had a veto over the majority. But the American federal constitution defined and assigned certain limited but important powers to the centre, the federal government, while the separate states of the union retained all else (including control of the franchise). How this balance of power has in fact reversed over the years is another story, and was under dispute right from the beginning. To make even that assignment of power to the centre acceptable, both divisions of power and checks and balances were introduced, the executive and the legislature were separated (unlike in parliament). There was both a Senate with equal representation for each state and a Congress proportionate to the enfranchised population of each state. A Bill of Rights was soon added to the constitution specifically to protect the individual liberties of citizens. All this was complicated, although with skill and patience resolvable; but argument over democracy seemed fundamental and crucial. As in the Putney debates a century before, those who had taken up arms felt no disposition to be fobbed off by something like the old parliamentary system even if without a king and now in the hands of their compatriot 'betters'.

Take just the summary report of the debate of 31 May 1787 on how the lower house was to be elected. A sharp division of opinion appears. The conservatives, or the Federalists, as they soon called themselves (stealing the name), argued for indirect election. '*Mr Sherman* (*Conn.*) opposed the election by the people, insisting that it ought to be by the State Legislatures. The people, he said, immediately should have as little to do as may be about the government. They want [lack] information, and are constantly liable to be misled . . . '. '*Mr Gerry* (*Mass.*) The evils we experience flow from the excess of democracy. The people do not want virtue, but are the dupes of pretended patriots . . . He had, he said, been too republican heretofore: he was still however republican, but had been taught by experience the danger of the levelling spirit.' In Massachusetts 'it would seem to be a maxim of democracy to starve the public servants . . . the popular clamour for the reduction of salaries'. But '*Mr Mason* (*Va.*) argued strongly for the election of the larger branch by the people. It was to be the grand depository of the democratic spirit of the Government. . . . It ought to know and sympathise with every part of the community. He admitted that we had been too democratic, but was afraid that we should incautiously run to the other extreme. We ought to attend to the rights of every class of the people. He had often wondered at the indifference of the superior classes of society to this dictate of humanity and policy'. Note that he says 'policy' as well as 'humanity'; and the same realism makes him admit that there can be too much democracy as well as too little. It is a vital element in good government but not the whole.

However, a Wilson from Pennsylvania, in what seems a fundamental insight into the nature of modern politics, brought the two arguments together, that on federal versus states' power and that on democracy versus a restricted franchise. He 'contended strenuously for drawing the most numerous branch of the legislature immediately from the people. *He was for raising the federal pyramid to a considerable altitude, and for that reason wished to give it as broad a base as possible.* No government could long subsist without the confidence of the people' (my italics).

Looking back on it all many years later in their old age, Thomas Jefferson wrote to his former antagonist John Adams, 'an elective despotism was not what we fought for'. His party had moved from calling themselves Whigs to calling themselves the Democratic-Republican Party, often 'the democracy', claiming to be the true party of the common people and the common man; yet individual *rights* figured in their beliefs and oratory quite as much as majority rights (and power). The meaning of democracy began to expand in popular understanding to include *liberty* and *rights*, but some were still aware, certainly Jefferson himself, that at different times these could be different forces pulling in different directions. In drafting the Declaration of Independence, Jefferson had turned Locke's natural rights of all men from 'life, liberty and estate' (commonly misquoted then and now as 'life, liberty and property') to 'life, liberty and the pursuit of happiness'. 'Jeffersonian democracy' came to mean a political and social cult of 'the common man', the person who could turn his hand to anything. He could work his own land with his own hands, he could read a law book and tracts on the issues of the day, he could present a case competently in a lower court or in a town meeting, and he carried or possessed arms (by constitutional right) to defend the common liberties if needs be. The Jeffersonian would have agreed with Rousseau and Kant that each of us has within himself a common reason and a moral sensibility, general will or conscience – call it what you will – and if we exercise it with humble simplicity, straightforwardly without fashionable or learned artifice, without selfishness but with empathy, we will reach conclusions very similar to those of our neighbours and fellow countrymen. The common man had common sense. A new democratic morality was being born – however much, in practice, honoured in the breach rather than the observance.

So in the War of Independence and in the formation of the new constitution, democracy was not the motivating force, nor did the individual states when left to themselves to confirm or reform existing voting arrangements move towards a democratic, that is a universal white manhood suffrage – the limits of possibility at the time. Not even that. Most state legislatures stayed with variations on the old freeholder franchises. It used to be said that real democracy and extension of the franchise began when the popular hero General Andrew Jackson, from the newly incorporated frontier state of Tennessee, was elected President in 1829; 'a rough diamond and demagogue if ever there was one', feared his opponents. This was the era of so-called 'Jacksonian democracy'.

But historians now point out that Jackson might never have been elected had most men, 'the plain people', not got the vote *already*, not by democratic reforms but by a gradual inflation of land values that made the old 'forty shilling freehold', often unchanged from colonial days, readily obtainable. But it would be cynicism and too simple to say that inflation brought the democratic franchise rather than ideology. For many would like to have raised the qualification but did not dare to try in the new democratic ethos. Both the conduct of politics and the nature of society would never be quite the same again.

'The triumph of democracy', as some contemporaries and some popular historians have called this period, did not guarantee absence of troubles ahead. What if a Democratic majority (by now a party, hijacking that name) in a large number of states wanted to secede from the Union rather than see 'the peculiar institution' of slavery threatened? A true and rare American reactionary, Fisher Ames, more like an English Tory than a judge of the Massachusetts Supreme Court, remarked sardonically: 'Monarchy is like a splendid ship, with all sails set it moves majestically on, but then it hits a rock and sinks for ever. Democracy is like a raft. It never sinks but, damn it, your feet are always in the water.' That is a good metaphor, for a raft, he implies, is simply swept along by the tide or the current; one can with a paddle or a plank steer a little to stay afloat, trim forward direction slightly to left or right, perhaps even slow down or speed up a little, but there is no turning back against the current of democracy.

The French Revolution

Fisher Ames may have had Charles I or Louis XVIII in mind, but in both cases he was wrong, other than for the United States. Monarchy and autocracy did not sink for ever in Europe. After the military defeat of Napoleon came the restoration of monarchy in France. And although American and British ideas of constitutional government dominated the first stage of the French Revolution, the constitutionalists were soon swept aside by the dictatorship of the Jacobin club. The Jacobins called their rule a dictatorship because, following the Roman usage, they saw that office as a claim to use absolute power for the duration of an emergency: the destruction of the old regime – royalist risings in France, the invasion of France by foreign armies seeking to restore the monarchy before the revolution spread, and opposition and conspiracy (both real and imagined) by their opponents in Paris. And dictatorship was, of course, only for the duration of the emergency until the republic was *pure et dure*, purified, strong, secure. This mentality had little time for democracy in the emerging American sense of majority rule blended with liberty, or legally guaranteed individual rights. The revolutionaries went far beyond a justification to the world of the right to independence, such as Jefferson had penned in the language of a universal appeal to reason; they produced a 'Declaration of the Universal Rights of Man' which was incitement to all peoples to cast off kings and aristocracies and a promise to propagate these principles themselves throughout Europe.

On the table of the Jacobin club was the bust of Rousseau. He must not be blamed for their actions but they saw in him a statement of a new and universal principle (albeit one that could not be applied until after the revolution). 'The people' were no longer only those fit to be citizens by virtue of property and education; the people could now be everyone for two impelling reasons. 'Man is born free but everywhere he is in chains,' said Rousseau in *The Social Contract*. Of course this is obviously untrue. We are born helpless and dependent on our mothers. But what he meant was plain: 'man is born for freedom'. If the chains of tyranny and the artificial conventions of hierarchical society are cast off, we will be become free. That is what is natural. The second impelling reason is that by nature we are each and all capable of expressing 'the general will', perhaps best understood as each of us being capable (with a moral effort) of willing generally, not particularly. This *volonté générale* is not the numerical majority, however; it is the common agreement

6. Rousseau inspired by Nature; Robespierre inspired by action.

of all who try honestly, simply, and with deep sincerity to rid themselves of selfishness and the barriers to a natural life imposed by the artificial conventions of society and the arrogance of the learned. In a word, he turns upside down the republican argument that citizenship must be based on property and education. Without these (at least as society has constituted them hitherto) we can become at last ourselves at our best, discover our true nature. (In fact Rousseau advocates a new kind of paternalistic education, but an education in sensibility and personal development, not in knowledge.) Think what you like of the argument, Rousseau for the first time provides a moral justification for democracy. Each of the successive factions in the French Revolution could then proclaim 'the sovereignty of the people'. But the difficulty was, of course (and always is), that someone has to speak for the people. The Jacobins were sure that they spoke for the people and were not much interested in 'artificial' constitutional restraints or what Mill was to call, and the Americans were in fact practising, representative government.

Alexis de Tocqueville began his seminal *L'Ancien Régime et la Révolution en France* (1856) by saying that the French Revolution was a political revolution which resembled a religious one. 'It had every peculiar and characteristic feature of a religious movement; it not only spread to foreign countries, but it was carried there by preaching and by propaganda.' He said it was impossible to conceive of a stranger spectacle 'than that of political revolution which inspires proselytism, which its adherents preach to foreigners with as much ardour and passion as they have shown in enacting it at home . . . As it affected to tend more towards the regeneration of mankind than even towards the reform of France, it roused passions such as the most violent political revolutions had never before excited.' With its proselytism and propaganda (he uses that word, hitherto just an office of the Catholic Church) it terrified its contemporaries, he said, and 'as Islam had done . . . poured its soldiers, its apostles and its martyrs over the face of the earth'.

Like the Roman 'SPQR', 'Liberty, Equality, Fraternity' was on all the banners; liberty was primarily liberty from the crown, the aristocracy, and the Church – individual liberties would come after the revolution was secure; equality was not economic equality but was equality of status as citizens. The form of address became Citoyen Robespierre, Citoyen St Just, Citoyen Danton; but the fraternity was intense and real, among all those working for the same purposes or in the citizen armies that Danton in the June days rallied to defend the republic. St Just glossed it thus in an address to the Assembly:

> It is your task to build a city whose citizens treat one another as friends, guests and brothers. It is your task to re-establish public confidence and to make it understood that revolutionary government means not war or conquests, but the passage from misery to happiness, from corruption to honesty, from bad principles to good principles.

But people came to ask, would the transition never end? A modern conservative historian not surprisingly likened this to Trotsky's doctrine of the need for 'permanent revolution'. Robespierre spoke of the Jacobin ideal aim, 'the peaceful enjoyment of liberty and equality, and the reign of eternal justice', but this could only be embodied in a state 'which grows great by *the constant sharing* of republican sentiments'. In the meantime he said the aim of the revolution must be *la terreur* (violent intimidation) against the enemies of the revolution, but that the terror would be disastrous without patriotism and patriotism powerless without terror. The terror came to mean not merely swift and ruthless action against those who opposed the revolution but against groups or individuals likely to oppose it. Pose though they might as noble Romans in so much of the iconography of the revolution – Robespierre actually said 'There has been no history since the Romans' – the break with Roman republican ideas of legality was for a time complete.

'The aim of constitutional government is to preserve the republic but that of revolutionary government is to create it. The revolution is the war of liberty against her enemies; the constitution is the regime of liberty victorious and peaceable.' Robespierre continued, 'The constitutional government concerns itself chiefly with private liberty and the revolutionary government with public liberty'. And St Just was to cry out, 'Who are those who are not for us but that they are against us!' (a sentence long remembered in revolutionary tradition, so that Hungarians could in the mid-1970s feel a little happy when their dictator or party leader, Kadar, said 'Those who are not against us are for us' – the relative tolerance of a newly prudent autocrat).

Historians now dispute whether the revolution changed French society as much as was once believed. But that is not the point here. The point is that both the moderation of the constitutional Girondists and the anti-constitutional Jacobins had depended on being able to stir and steer popular power. For a while they seemed to be the embodiment of the popular will without any formal democratic institutions. Their power rested on popularity but the people of the cities had shown their power. The French Revolution was always an unfinished business, whether of hope or of fear, to many in Europe in the 19th century; but most governments, whether out of principle or political prudence, saw the need for some reforms of the franchise and some legal protection for freedom of speech and publication. The republican tradition became strong in French society whether out of respect for 'the people' or fear of them. Democracy in America moved towards a liberalism that guaranteed the rights of citizens while making fewer and fewer demands on them. But democracy in France never quite lost the rougher, republican edge of popular power.

Napoleon did not so much betray the revolution, as surviving old Jacobins said, so much as inherit and rationalize its potential. The revolution had unified and centralized a France which in the old regime had been highly provincial and decentralized in its administration. So Napoleon was able to play the Roman role more sensibly than the Jacobins. His great legal reforms, the *Code Napoléon*, restructured traditional, still semi-feudal French law into a more rational and consistent structure based on the principles of Roman law. For if he made himself emperor, it was explicitly in the mode of the first Roman emperor, an Augustus Caesar seeing himself (or insisting on being seen) as the first magistrate protecting the laws of the republic. And the common people of France had discovered patriotism and nationalism in the struggles against the armies of the old monarchies and the old regime, so much so that Napoleon in his wars could count on a *levée en masse* – say mass conscription. Until that time – and in the monarchies too it remained so – conscription had had to be a highly selective business mainly limited to traditionally loyal areas of the countryside, too dangerous to train and arm the urban mob. And in any case conscription could with safety only be pressed on a minority of the male population of military age to supplement the regular army, not to swamp or overwhelm it; the last people you wanted to arm *en masse* were the common people. But in France the revolutionary spirit was still strong and the common people had gained a sense of their power and their worth. Napoleon could trust them with arms because he was seen as the heir to the revolution against the aristocracy, and if he created his own ranks and orders these were (mostly) based on talent not on birth. Public examinations replaced patronage (mostly) for public office. So it is tempting to say that mass conscription was a device of a democratic age – in that oldest sense of democracy, but not for the emerging America – Jefferson's 'the world's best hope' – rapidly distancing itself from initial enthusiasm for French principles.

Chapter 4
Comme disait M. de Tocqueville

> Despotism . . . appears to me to be peculiarly dreaded in democratic times. I should have loved freedom, I believe, at all times, but in the time in which we live I am ready to worship it.
>
> The nations of our time cannot prevent the conditions of men from becoming equal, but it depends upon themselves whether the principle of equality is to lead them to servitude or freedom, to knowledge or barbarism, to prosperity or wretchedness.
>
> (Alexis de Tocqueville, *Democracy in America*)

John Stuart Mill recounted in his *Autobiography* (1873) that it was reading Tocqueville that began the 'shifting of my political ideal from pure democracy, as commonly understood by its partisans, to the modified form of it . . . in my *Considerations on Representative Government*'. For Tocqueville, Mill asserted, gave a more conclusive account of 'the excellencies of democracy' because while accepting its inevitability he pointed to the 'characteristic infirmities' of popular government to show how they might be remedied. Above all he said, Tocqueville sought a protection against democracy 'degenerating into the only despotism of which, in the modern world, there is real danger – the absolute rule of the head of the executive over a congregation of isolated individuals, all equals but all slaves'. This could come from increased centralization. Mill took from Tocqueville the crucial importance of all those institutions intermediary between the state and the individual in maintaining a balance between liberty and democracy. Mill, who had seen beneficial reforms in England so often frustrated by 'unreasoning prejudice . . . of what pretends to be local government but is, too often, selfish mismanagement by a jobbing . . . local oligarchy', now saw some of these local prejudices as some protection against a wholly centralized state; so a case for the reform of local government not for its dismemberment (*plus ça change, plus c'est la même chose*). Whether or not Tocqueville's account of American society in his two great volumes was wholly accurate, his conclusions were of great influence on how people in Europe and the United States perceived the future, and many of his ideas are still relevant. Although not at all a modern Aristotle, his seriousness and conclusions, like those of Mill, deserve special attention.

Alexis de Tocqueville (1805–59), politically liberal and yet temperamentally conservative, was born in Normandy of aristocratic family, but through all his writings and public service sought to persuade his fellow aristocrats to accept the legacy of the revolution, that there was no turning the clock back. They must accept that a growing equality was inevitable but study how liberty could be preserved in an egalitarian age. By 'equality' he meant actual political equality and a growing equality of condition, the democratic 'manners' or ways of behaviour that he found in America; he did not mean economic equality. He gave all too little attention to the dangers of extreme economic inequalities, except to believe that the growth of commerce and market relationships marked the end of the aristocratic ethos and that the bourgeois ethic was essentially moderate and prudent, inimical to oligarchy – but the ghost of Aristotle might have murmured, 'plutocracy?' in his ear. Nonetheless he is the first profound and systematic analyst of the democratic condition, however unlikely a one. A contemporary described him as 'like pious Aeneas, setting forth to found Rome though still weeping for abandoned Dido, "*mens immota manet, lacrymae volvuntur inanes* [Virgil]"', the mind held firm but tears still flowed down.

In 1831 he and a friend, Gustave de Beaumont, accepted a commission from the French government to visit the United States to write a report on reformed prison systems. From this resulted a published report in 1832 but also Tocqueville's great two volumes, *Democracy in America* (1835 and 1840). The broad idea was in his mind before going to America, indeed was largely the reason why he went: 'I confess that in America I saw more than America. I sought there the image of democracy itself, in order to learn what we have to fear or hope from its progress.' Moreover the main themes and hypotheses of his equally influential and long-laboured work, *L'Ancien Régime et la Révolution en France* (1856), were also forming. The two works were part of a single grand design: to establish how the old aristocratic order in France came to collapse; to persuade people of the inevitability of democracy (by which he meant equality of condition); and by studying actual democracy in the United States, where these tendencies had gone furthest, to see, as it were by comparison, the future of Europe and learn how to safeguard its liberties against the unfinished work of the French Revolution. He ended his first volume with a prediction that soon the world would be dominated by two numerically and geographically vast nations standing for different principles, the Americans and the Russians. And he ended the first book with the once so often quoted: 'The nations of our time cannot prevent the conditions of men from becoming equal, but it depends upon themselves whether the principle of equality is to lead them to servitude or freedom, to knowledge or barbarism, to prosperity or wretchedness.'

The dangers of democracy

In his posthumously published *Souvenirs*, Tocqueville was to mock both the view of the politicians that all great events occur through 'the pulling of strings' and that of the grand theorists of his day that they can all be traced to 'great first causes'. He spoke of tendencies rather than 'iron laws' and said that nothing occurs other than in the context of these tendencies, but that however ripe the time,

DEMOCRACY IN AMERICA.

BY

ALEXIS DE TOCQUEVILLE,

AVOCAT À LA COUR ROYALE DE PARIS,

ETC., ETC.

TRANSLATED BY

HENRY REEVE, Esq.

THIRD EDITION.

IN TWO VOLUMES.

VOL. I.

LONDON:

SAUNDERS AND OTLEY, CONDUIT STREET.

1838.

7. The title page of the first English edition of Tocqueville's masterpiece.

nothing occurs by itself without the free actions of particular men. Thus he steers between determinism and voluntarism, yet he argued an inevitable historical tendency towards equality. But the form it will take depends on unpredictable human actions; and the success of such actions depends on understanding historical tendencies and sociological circumstances (even if no amount of understanding can replace, rather than guide, political action). He strives to strike a judicious balance between sociological and political explanation, neither giving too much or too little to the influence of abstract ideas on historical events, even if some will always object that examples are picked to suit an argument, rather than that the argument follows from the evidence. Certainly his America is an abstract model, full of brilliant hypotheses and theories relevant to all modern societies, rather than an empirical investigation of a particular country; but equally certainly his research into French provincial archives for his *L'Ancien Régime et la Révolution en France* was not merely original but of lasting value.

From these provincial sources (not everything happens in Paris, London, Berlin, or Washington, even) he was able to formulate theories of lasting importance: that the actual revolution only speeded up a process of centralization long underway; that the time of maximum danger to an old order is when it tries to reform itself; and that the revolution occurred at a time of economic improvement not at a time of peculiarly great hardship. He summed up the last two propositions by saying that men suffer hopelessly under despotism and poverty; they only stir when there are grounds for hope and signs of improvement.

Basic to both his great works is the distinction between liberty and democracy. To understand what had happened in both the French and the American Revolutions, and their consequences, he found it fruitful to use democracy in the classical sense as simply the rule of the majority, which in turn implies an ever-increasing equality of social condition. He treated America as if it was, in broad brush, a kind of middle-class classless society. Democracies may or may not encourage freedom of expression and individual choice in political action. Tocqueville thought that they could lead to greater liberty that ever before, both for general reasons that he states in *Democracy in America* and because of some institutions peculiar to America; but on the other hand many things in democracy uniquely threaten freedom and individualism. He spoke of 'the dangers of the tyranny of the majority', the intolerance of public opinion, the worship of uniformity and mediocrity, the distrust of eccentricity, diversity, and excellence. His aristocratic disdain can flash when he begins a very short chapter headed, 'The Trade of Literature', 'Democracy not only infuses a taste for letters among the trading classes, but introduces a trading spirit into literature'. But he has a point.

His great fears are expressed in a passage in Chapter 6 of Book II that must be read in full to catch the drama of his high theory.

> I seek to trace the novel features under which despotism may appear in the world. The first thing that strikes the observation is an innumerable multitude of men, all equal and alike, incessantly endeavouring to procure the petty and paltry pleasures with which they glut their lives. Each of them, living apart, is as a stranger to the fate of all the rest; his children and his private friends constitute to him the whole of mankind. As for the rest of his fellow citizens, he is close to them, but he does not see them; he touches them, but he does not feel them; he exists only in himself and for himself alone; and if his kindred still remain to him, he may be said at any rate to have lost his country. Above this race of men stands an immense and tutelary power, which takes upon itself alone to secure their gratifications and to watch over their fate. That power is absolute, minute, regular, provident, and mild. It would be like the authority of a parent if, like that authority, its object was to prepare men for manhood; but it seeks, on the contrary, to keep them in perpetual childhood: it is well content that the people should rejoice, provided they think of nothing but rejoicing. For their happiness such a

government willingly labours, but it chooses to be the sole agent and the only arbiter of that happiness; it provides for their security, foresees and supplies their necessities, facilitates their pleasures, manages their principal concerns, directs their industry, regulates the descent of property, and subdivides their inheritances: what remains, but to spare them all the care of thinking and all the trouble of living.

This passage is rhetorical, over the top, wholly un-PC, and more than a little snobby to modern tastes; and the picture of social isolation is *un peu exagéré* (even if many modern sociologists have talked in somewhat similar terms of 'the lonely crowd', 'alienation', 'anomie', or 'bowling alone'). But it is fully serious and forces us to think of basic issues rather than the next election results or what the neighbours think. This passage has been misread as a prophecy of mid-20th-century totalitarianism – ignoring the 'provident and mild'; but it is quite the contrary. He is not saying that individuals will be ideologized and mobilized for action by a leader or a party, rather they will be dumbed down to lose any interest in corporate political action. It is more like Orwell's sardonic picture of the proles in *Nineteen Eighty-Four*, who were debased into impotence and irrelevance by officially produced 'prolefeed' quite as much as terror (a satire on his today quite as much as our tomorrows). Perhaps Tocqueville's passage has something in common with an old-fashioned Conservative's critique of the likely effects of the welfare state, which now unhappily seems so much more generally accepted that the people have lost their grip on it. But it is also a possible critique of the consumer society.

The advantages and defences of democracy

In the first volume he set out his worries more fully and less rhetorically in a chapter headed 'The Omnipotence of the Majority in the United States and Its Effects', but it was preceded by 'The Real Advantages Derived by American Society from Democratic Government'; then followed a chapter 'The Main Cause to Maintain a Democratic Republic in the United States'. The advantages the Americans had were partly historical. The revolution had been fought to preserve the ideas that the colonists had of their original and inherent freedom. There has not been the bitterness or the violent break of social continuity such as had occurred in France. He saw trouble ahead on the slavery issue which he judged incompatible with the general American ideas of democracy and liberty, but he shrewdly saw the slave population as wanting to enjoy those rights rather than to destroy them as coming from a tainted source. There was widespread respect for the law in the United States and for individual rights, and the constitutional law and the legal profession protected those rights – he was somewhat sanguine about the actual capabilities and impartiality of the small town lawyer. But above all he noted the public-spiritedness of most Americans, so noticeable to other travellers in that era of the early republic, and their willingness to turn their hands to almost anything – the cult of the common man, what later came to be called the 'can do' spirit. There was precariously emerging, he said, using Jefferson's own words, a 'natural aristocracy of talent and virtue', despite 'the tyranny of public opinion'. These men could preserve the aristocratic virtues of skill and excellence from being swept away with the old regimes of privilege and social hierarchy.

Above all else he noted the absence of centralized administration, the prevalence of effective local self-government, the number and independence of the Protestant churches and the many voluntary associations and mutual-aid clubs. He built what was a new theory of politics upon, not the sovereignty of the state, not the sovereignty of the people, which the Jacobins had claimed to embody, but something that later writers called pluralism. Democracy was not a direct relationship between 'the people' and the state (Jacobinism) or between individuals and the state (liberalism), but rather a continuous interplay between intermediary groups, the state, and individual rights. Previous thinkers of the modern age had denounced intermediary groups as frustrating order or reform: Hobbes had spoken of 'corporations' as 'worms within the entrails of the body politic' and 'if there had not been an opinion that powers could be divided, England would not have fallen into the late civil war'; Rousseau had hated them as feudal relics subverting the general will of the common people; and Bentham lumped them all together as 'sinister interests' obstructing uniform and rational legislation aimed at the greatest happiness of the greatest number, not at the promotion of corporate interests. But Tocqueville saw benefit in diversity:

> An association for political, commercial or manufacturing purposes, or even for those of science and literature, is a powerful and enlightened member of the community . . . which, by defending its own rights against the encroachments of government, saves the common liberties of the country.

Yet he said that the question of whether a society is pluralistic or monolithic is only partly an objective question of prior history. The moral factor is always present. Different attitudes can be taken to the same events. He simply argues that if one is serious about liberty in a democracy then much diversity of group interests has to be tolerated, however undemocratic that may sometimes seem. He also distinguishes between centralization of government and of administration. To him it was both necessary and desirable that a democratic government should be active and powerful – within constitutional limits, of course. He said that 'our object should not be to render it weak and indolent but solely to prevent it from abusing its aptitude and strength', and this means the retention and encouragement of provincial and local administration.

Always he stresses choice. In the final book of *Democracy in America* he sums up his argument free from the, at times, diverting detail about American life of the first and more famous volume. His thesis emerges simply and clearly that history presents us with alternatives, and we have to choose. Freedom is moral freedom: choosing and acting after considering the facts of a case in such a way that the scope for free choices by others is at least not impaired, and 'others' are groups as well as individuals. We may not always act that way, we commonly do not. We may not wish to challenge majority opinion, or we may perversely think that it is the true and *authentic* mark of individuality to be doing so all the time. But Tocqueville is simply saying that we should choose to act one way or another, choose morally and knowledgeably, and that in so doing if we treat other people as equal people, then so may they treat us.

There are no protective devices that can be copied exactly from one country to another, or if so are likely to yield the same result. Histories and cultures are different. But the American example was sufficient to show that a conscious and rational allegiance to some laws and customs could restrain even the majority itself. No laws work without will behind them; but mere goodwill is useless without institutions. So to Tocqueville, as to Aristotle, action and understanding must go hand in hand. Individuals are only themselves at their best when acting with others. The state is strong when its roots are deep and local, and allegiance is conditional. American federalism was not the antithesis of power. English Tory polemicists in the early 19th century constantly predicted the collapse of the United States because, amid the checks and balances and divisions of power, there was no clear source of sovereignty. But federalism, Tocqueville implies, is a very strong source of power. Freedom is not the antithesis of authority; it is the only source of authority which can be accepted without force or deception. He seems to conclude that democracy can be lived with to advantage if the right balance can be struck between democratic majoritarianism and liberty.

Perhaps he made his point so well, or shows as theorists often do the logic of how others reach the same conclusion independently, that a time would come when Americans and more and more Europeans can take for granted that 'what I mean by democracy' must mean both freedom and popular government – what else? But the tension remains, though we may now call what we have some doubts about populism rather than democracy. It became almost a catchphrase in

France when anyone uttered a portentous banality to say, '*Comme disait M. de Tocqueville*'. So be it. It is no mean achievement to get difficult truths accepted as banal. I began my *In Defence of Politics* by saying that I wanted 'to make some platitudes pregnant'. I still do.

Chapter 5
Democracy and populism

> Fourscore and seven years ago our fathers brought forth on this continent , a new nation, conceived in Liberty, and dedicated to the proposition that all men are created equal. Now we are engaged in a great civil war, testing whether that nation or any nation so conceived and so dedicated, can long endure ... It is for us the living . . . to be here dedicated to the great task remaining before us ... that this nation, under God, shall have a new birth of freedom – and that government of the people, by the people, for the people, shall not perish from the earth.
>
> (Abraham Lincoln at Gettysburg, November 1863)

> To the BELOVED REPUBLIC under whose equal laws I am made the peer of any man, although denied equality by my native land, I DEDICATE THIS BOOK with an intensity of gratitude and admiration which the native-born citizen can neither feel nor understand.
>
> (Andrew Carnegie, *Triumphant Democracy: Fifty Years' March of the Republic*, 1887)

This passage in the Gettysburg address, dedicating a national cemetery on the recent battleground – the civil war still not over – attempts to unify and sanctify in the American political mind the ideas of liberty contained in the Declaration of Independence and the broad majoritarian democratic ideas

8. Abraham Lincoln (1809–65) study by Matthew Brady, 1863.

'of the people, by the people'. Lincoln deliberately gave the Declaration a moral priority over the constitution which, after all, made no reference to equality and tolerated slavery. Anti-abolitionist Unionists angrily protested that the President in this speech to the people was bypassing the constitution as he had done in the emancipation proclamation. But war is sometimes an accelerator of social change and can strengthen shared values. When the Chief Justice had protested at the beginning of the war at Lincoln nationalizing the telegraphs by presidential decree, Lincoln had remarked that Taney should send his man round to talk to his man, after the war. Democracies have to defend themselves.

By the third quarter of the 19th century the example of the United States, indeed its very existence, showed that democracy was possible, just this blend of individual liberty and popular power, even in a country of continental scale, no longer cities with extended hinterlands. When the civil war broke out conservative opinion all over Europe had said 'told you so', democracy would result in anarchy – as the study of the classics and the French Revolution had taught them. But the victory of the north, the emancipation of the slaves, the economic strength of northern industry, the patriotism of the citizen armies, and the speeches of Lincoln gave them an answer. The title of Carnegie's book would certainly remind them that a democratic capitalist society had triumphed over the agrarian 'cottonocracy' of the plantation owners.

As the immigrant ships came into New York harbour, the Statue of Liberty was soon to greet them, and inscribed upon it:

> Give me your tired, your poor
> Your huddled masses yearning to be free
> The wretched refuse of your teeming shore,
> Send these, the homeless, tempest-tossed to me.
> I lift my lamp beside the golden door.

Carnegie was right. His native land had still denied him the vote when he had migrated to 'the land of the free' and his father, indeed, had been imprisoned in Scotland as a Chartist agitator, demanding 'one man one vote', annual parliaments, and the secret ballot. The United States embodied the principle of democracy, just as for much of the 20th century Russia was to embody the principle of Communist socialism. Small wonder that the very teaching of American history was forbidden in both the 19th-century Habsburg and Romanov empires.

Home truths

At that time no one could sensibly describe the British system of parliamentary government as democratic. The cult of the gentleman ruled, not that of the common man. Carnegie knew his Robert Burns:

> We see yon birkie ca'd a lord
>   Wha struts and stares, and a'that,
> Though hundreds worship at his word,
>   He's but a coof for a' that,
> His ribannd, star and a' that,
>   The man of independant mind,
> He looks and laughs at a' that.

But satire and democratic abuse did not make the growth of the franchise in Britain other than deliberately and spectacularly slow. Despite strong popular agitation, the 1832 Reform Act had no whiff whatever of democracy about it: it put the old property franchises on a uniform and more rational basis, only increasing the electorate from about 435,000 to some 652,000. Hegel called the British constitution after 1832 'the furthest advance in world history of the principle of freedom'. The Reform Act of 1867 was a response to working-class agitation and was of far greater consequence than that of 1832, but the new property and rent qualifications aimed to enfranchise only skilled workers. By 1869 about a third of adult males were entitled to vote, which the 1884 Act raised to about 40%. Neither Gladstone nor Disraeli believed in a fully democratic franchise, Gladstone the moralist and gradualist, Disraeli the tolerant opportunist. But if the 1867 Reform Act was not fully democratic, it did create such large numbers of new voters that the party system had to spread out of Westminster and, for the first time ever, organize and campaign nationally. Party leaders had both to show their faces in the country and endure far too many visits from power-brokers with uncouth accents from Birmingham, Sheffield, Manchester, and the northern industrial cities. Universal suffrage to include even women, after the bitter debates and the civil disobedience campaigns of the Suffragettes, came only by nervous stages, not until the Representation of the People Acts of 1918 and 1928. The exigencies of war, not sweet reason, changed parliamentary opinion. Democratic practices were common in the growing trade union and Labour movements, but not in parliament or in parliamentary elections.

Within the British Liberal Party a debate grew about whether the constitution should be more *democratic* – as Lloyd George argued in the 1900s, but his leader, Asquith, thought it quite democratic enough already, thank you. Was there not a free press, freedom of speech, and toleration by the local magistrates of mass meetings? 'The platform' had grown more rapidly than the franchise.

Conservative leaders repeated many of the old arguments about the dangers of democracy, but gradually qualifiers were slipped in front of that damned 'D' word – the dangers of 'unbridled', 'ill-informed', 'excessive', or 'uneducated' democracy. And a figure like Joseph Chamberlain had sublime confidence, as had Disraeli before him, that the people could be 'managed'. Joe Chamberlain had had his power base in 'the Birmingham caucus' (a term imported from American politics), but had broken from the Liberal Party over Gladstone's Home Rule for Ireland Bill of 1886, bringing down the

THE TWO AUGURS.

9. Mr Punch sees Gladstone and Disraeli as noble Romans anxious to foresee the future of politics.

government and allying his followers as Unionists with the Conservatives. He had the art of managing the new electorate in the names of king and country, imperial patriotism, free trade, or else empire preferences in tariffs – whichever guaranteed 'cheap food for the masses'.

'Democracy' was not a term to rally the country. The British system was not to be described as democratic even in scholarly books. It first began to be called 'democratic' in the press, and quite often in parliament in the middle of 1916 when the ghastly losses on the Somme called for some justification about 'what we are fighting for' greater than 'king and country', a *sluaghghairm* or rallying cry more appealing to factory workers and the conscript squaddies, especially those on the Celtic fringe. And when Woodrow Wilson brought the United States into the war, it became a war 'to save democracy', official – even if Congress lost interest afterwards in any international dimension of democracy, rejecting Wilson's plea to sign up to the League of Nations into which he had poured his hopes and last energies. The leaders of the post-war Labour Party, which was anxious to distance itself from Soviet Communism, showed more interest in gaining power for the sake of 'the people', in using the existing parliamentary system, than in changing it in democratic directions, still less socialist. There was tension in the Labour movement, however. At that time 'municipal socialism' was strong and was, like the unions and co-operative societies, democratic in how decisions were made as well as in their egalitarian aims. There were two theories of democratic socialism: one that it should build up from the roots of society, quasi-autonomous small groups, local unions, and local government, and the other that central power must be gained in Whitehall through Westminster for the benefit of the people – the theory of the Fabians, the Webbs, and today of New Labour (albeit with a new image of 'the people').

Walter Bagehot's famous *The English Constitution* (1867) used to be read as an objective and descriptive work in a new genre of realism – much like Manet's *Déjeuner sur l'herbe* compared to the paintings of the Academy, as when Bagehot said in his chapter on the monarchy, 'it is nice to trace how the actions of a retired widow and an unemployed youth become of such importance'. But not just realism. The book was a polemic on the Reform Bill controversies of 1867. He was a Liberal warning of the dangers of democracy but counselling how they could be averted by many devices: 'The use of the Queen, in a dignified capacity, is incalculable' – the very first sentence of that chapter. In the introduction to the book's second edition of 1872 he comes clean and clear, in case people had missed the subtext:

> In plain English, what I fear is that both our political parties will bid for the support of the working man; that both of them will promise to do as he likes if he will only tell them what it is . . . I can conceive of nothing more corrupting or worse for a set of poor ignorant people than that two combinations of well-taught and rich men should constantly offer to defer to their decision, and compete for the office of executing it. *Vox populi* will be *Vox diaboli* if it is worked in that manner.

His greatest fear, he continued, was a permanent 'political combination of the lower classes . . . now that so many of them have the suffrage . . . the supremacy of ignorance over instruction and of numbers over knowledge'. Why his fears proved exaggerated, even with the growth of the trade union movement and the Labour Party, is another story. But its main theme might be that the grandees of both the Tory Party and Liberal Party had to learn to play the demagogue, like the Roman patricians whose fears Bagehot echoes with his scorn for the tag, *Vox populi, vox dei.* When Gladstone came back from retirement (yet again) to demand British intervention against Turkey over the Armenian atrocities, he spoke in the famous Midlothian campaign *from the back of railway trains* and, moreover, spoke in other Members' constituencies, creating immediate fear that British politics was becoming American.

Populism

The mass franchise in the USA (brushing aside, of course, women and the blacks) spread a style of politics which, if certainly not wholly new, broke from the manner of careful reasoned argument, as if actually trying to persuade, that had been the style of 'citizen literature' of the early republic or, indeed, of the debates over slavery and secession; and the style of parliamentary debates in Great Britain. That older style had been appropriate to a smaller political class, often bound together by friendship, even family connection, at the least by social acquaintance and common codes of behaviour. But to address a mass meeting or appeal to a mass franchise, the power to comprehend and stir common emotions was needed. The greatest art was plain speaking, to combine simple language with common sense and wisdom, as did Lincoln – much criticized at the time for the homely, undignified language of his most lasting and famous speeches. But the blackest art could be called, and was, 'rabble-rousing'.

Populism has come to mean many things, but I see it as a style of politics and rhetoric that seeks to arouse a majority, or at least what their leaders passionately believe is a majority (like 'moral majority' today, who are plainly a minority), who are, have been, or think themselves to be outside the polity, scorned and despised by an educated establishment. If the civilized debates of the upper crust had been honed in court houses and in elected assemblies, the skills of the populist orator had most often been honed in, or by the example of, the evangelical pulpits and the revival meetings. Nowadays we can too easily forget the influence of the pulpit, at least in Britain. The pulpits of the American Revolution reached more people and were probably at least as influential as the debates in the town meetings or among the few in the legislatures. In England the first mass meetings of ordinary people were in the Wesleyan revival. Still earlier in Scotland the Covenanters had met similarly in fields or on hillsides, but were suppressed; so not until the Chartist and then the Labour movement, two centuries later, did agitational meetings take place in public buildings or town squares.

In the United States what we now call 'populism' or 'populist democracy' took the form of rural interests against the cities. For that was where most of Jefferson and Jackson's 'plain people' were. Not until the 1930s did a majority of Americans live in towns of over 3,000 inhabitants. The historian Richard Hofstadter found that the peculiar character of American populism 'derives in great part from the American tradition of entrepreneurial radicalism'. Elsewhere populism drew upon a peasantry tied to the land as part of the ownership by an aristocracy or local grandees of large estates, as in tsarist Russia and even today in South America and India. But American farmers, however small their farm, however poor, were freeholders and strident individualists; yet they could be roused to collective action by a sense of common grievances. The common enemies were invariably 'the government' (the 'citizen militias' of today hate government), the bankers, the railroad companies, the capitalist system – and somehow all too often the Catholic Church, the Jews, and the blacks shared the blame for the sad lot of the poor farmer (what Hofstadter called, in the title of a book, *The Paranoid Style in American Politics*). But if they felt persecuted, it was because they often were. The patent remedies they chose were often crazily simplistic and inappropriate to their sufferings. The populist orator William Jennings Bryan swept the Democratic Party convention of 1896 with his 'cross of gold' speech, demanding that silver be restored alongside 'crucifying gold' as the national currency. Endorsed as Democratic presidential candidate, also with the support of the People's Party, he gained an impressive 6,502,925 votes as against McKinley's 7,104,779. The greatest triumph of populism as a national movement was Prohibition, the 18th amendment of the constitution of 1919. But some of the targets and tactics of 'the moral majority' today are of this kind. There's no reasoning with the plain people about the literal truth of the Bible, and their cries can be heard by Presidents.

Hofstadter quoted a pamphleteer in Iowa in 1893 who just about summed it up:

> Whenever, in a populous Nation, agricultural pursuits become of secondary importance as a means of acquiring wealth, it may be set down as certain that the callings which have risen above it are operating under some *artificial* stimulus which is *abnormal and unjust.*

This could almost be Rousseau again: the artificial threatens the natural, and it is one incident in the perennial struggle between the values of the countryside and nature, those of the cities, and induced, artificial learning. But there is another version of this, of course: that it is the countryside that is the seat of 'rural superstition' (as Machiavelli said in Europe and Henry Mencken said in America) and the recruiting ground for reactionary armies hostile or indifferent to the quibbling values of free citizens. Perhaps we should laugh at Schiller's panic that began the Romantic movement when he heard that there was a *factory* in Swabia; and not forget that Blake's 'dark satanic mills', dark as they were, had something to do with the huge general increase in standard of living of industrial countries which has something to do with an effective democracy.

Capitalist democracy and liberalism

By 1886, when that verse appeared on the newly erected Statue of Liberty, the democratic self-identity of the United States was being reimagined. Some would continue to say, as the newspaper editor Horace Greeley intoned, 'Go West, young man, go West', but working on the land was beginning to lose its attraction to immigrants and the native-born alike – except the 'get rich quick' allure of the gold rush, or more like the 'California or bust!' written on the wagons, then 'Busted'. From *Log Cabin to White House* was a popular book that came to name a whole genre of popular literature, but the later versions had to become, as it were, 'from tenement to boardroom'. The early Republican ideal of the yeoman farmer was giving way to the virtues of urban capitalism and concern for, or fear of, the urban masses. Something of what became the (unsuccessful) 'populist revolt' in American politics was triggered by loss of esteem as well as by poverty, the great agricultural depression, and growing indebtedness to the banks. Urban capitalism had to find a democratic legitimation.

This legitimation was found both in popular literature and in social theory. At the very time of the great 'robber barons', the post-civil war generation of railroad and steel tycoons and bankers too (Pierpoint Morgan was reputed to have said to President Cleveland, 'what's the constitution between friends?' – nowadays the oilmen and the mining interests are more discreet), a popular literature emerged called 'success novels'. Perhaps the most famous was Horatio Alger's *From Rags to Riches*. The slogan of democratic capitalism became 'There is room for all at the top'. Alger strove to rationalize this falsehood (and Orwell, long after, mocked the ethics of the competitive society by remarking that 'the trouble with competitions is that someone has to win'). In *Luke Larkin's Luck*, Luke is a poor orphan on the streets. But he manfully resists joining a street gang headed, of course, by a Mickey McGuire, and he honestly and sensibly puts into a savings bank a dime of every dollar he earns by watching gentlemen's horses and running errands. Alger tells us that Mickey McGuire was 'a democrat in the worst sense', he 'threatened respectable voters on election day' (presumably paid by Tammany Hall), and in general was 'loud and violent in his manners with no respect for his betters'. Luke Larkin, however, was 'a democrat in the finest sense . . . a help to his fellows' and he respected the law, worked hard and honestly, and in what spare time he has he visits a free library seeking to improve himself. But there is the obvious problem. There is not room for everyone at the top. However, Luke happens to walk by the East River when a millionaire's daughter falls in, and he rescues her at the risk of his life. Or in other novels other Lukes stop teams of stampeding horses saving other millionaires' daughters in driverless carriages. In each case the hero is given a job in the counting house and swiftly rises up, sometimes marrying that daughter. Alger ruminates, 'there has been some luck about it, I admit', but goes on to claim that but for Luke's prior virtue luck would not have struck and also that but for that virtue he could not have done so well in the job offered; and notice that he wanted a job as a reward not a fistful of dollars. Hard work, virtue, and a bit of luck became what was actually called 'the democratic gospel of wealth'. It *was* democratic because even if there was not room for all at the top, the idea was that anybody could get to the top regardless of social class. Most preachers of the day (and many today too) took the view that riches are a heavenly reward for virtue, albeit the rich had a duty to practise philanthropy, to be charitable – to their own best judgement.

The legitimation of democratic capitalism in theory can be seen in the tremendous sales and popularity in the USA, more so than in the prophet's own country, of Herbert Spencer's *Man versus the State*. His sociology was a potent blend of belief in inevitable progress, 'social Darwinism' (a variant of Thomas Huxley's law of nature, 'the survival of the fittest'), and extreme *laissez-faire*, free-market theory. He argued that society was a *system* that would achieve a natural equilibrium if the state did not interfere: every attempt at reform nearly always upset this equilibrium and only substituted one evil for another. If at times society did appear 'red in tooth and claw', this was inevitable because evolutionary progress was weeding out the unfit from the fit. This doctrine had a small army of both academic and popularizing authors. It was welcomed by the men of new wealth because they did have problems not with state ownership, scarcely with socialism (though some of them feared it beyond reason and local cause), but with a great deal of Congressional regulation of canals, railroads, public utilities, company law, and the use of public lands. These regulations were often a response to local political pressures; and the regulators were then associated with the paternalist mentality of old wealth and an old ruling elite, no longer anti-democratic in Tocqueville's sense, certainly not anti-capitalist, but inclined to interfere too much in a pragmatic way, in a responsible way as they saw it, with free enterprise. The word 'liberal' began to be attached to them, irrespective of whether their political affiliation, which largely depended on which section of the country they lived in, was Republican or Democrat.

Two usages of 'liberalism' had emerged and were to stay, on both side of the water. One was virtually synonymous with *laissez-faire* capitalism and free-market economics. But the other had a more political and cultural stress. Individual liberty must be maximized, but the liberties of all could be limited by the unbridled liberties of a few. Therefore some regulatory frameworks had to be imposed – anti-trust legislation became the paradigm case. But also civil liberties needed special protection against both abuses of free enterprise and abuses of the democratic franchise: the rule of law (the constitution, especially the Bill of Rights, and the federal courts) must put limits on individualism. The National Parks movement of the 1900s shows that there were cultural values in this liberalism willing to take on even the mining, railroad, and soon the oil interest on the wilder side of capitalism – with some successes.

Capitalist populism

Carnegie's *Triumphant Democracy* showed the tensions both between these two types of liberalism and between each and individualism. He took the survival of the fittest so literally that he faced the problem of the accumulation of capital. The self-made man was the democratic hero, but what should he do with his wealth? He polemicized against 'the rich man's son'. He had not earned it. Inherited wealth corrupts the virtue needed for earning great wealth and for enjoying its possession. 'Cursed be the man who dies rich,' he said. Evolution demands that the millionaire gives away his money. It had also demanded, of course, that he had let his managers send in the armed Pinkerton men by the barge-load to break, most bloodily, a determined and desperate strike at his Bethlehem Steel Works. But the Carnegie Foundation for World Peace was real and well funded. Carnegie believed like all liberals, until 1914, that the new global economy and the lowering of tariff barriers would ensure peace among capitalist nations and the withering away of war.

But the problem remained of how to spend domestically without interfering with the evolutionary process. Herbert Spencer had lectured at a great dinner in his honour by the money men of New York on the thoughtless iniquity of even putting a dime in a beggar's cup. Small wonder, he intoned, that the beggar spent that dime on beer or tobacco and not in smartening-up to look for work. Relief of the poor did but perpetuate those unfit for progress. So how to help people to help themselves without giving them money? The answer suddenly became as obvious to Carnegie as it had long been to Mill – education, or in Carnegie's case more specifically the free public library. And he spread them not merely in America but throughout his native Scotland (ruining, incidentally, several small burghs because the only condition on the gift of a building was to fill it with books, and the smallest of the templates on offer was often too large). Mr Dooley, the Chicago-Irish humorist, had Carnegie's butler telling him that a tramp was at the door asking for a glass of milk and a bread roll. 'No, do not pauperise that poor man further. Give him a library.' Carnegie also bought up English and Scottish provincial newspapers to run them in Gladstone's and the Liberal Party's interest. A gross intrusion into another country's politics with a favour-seeking motive? Far from it. He was no Murdoch and had no need to seek favours from Gladstone. He sought only to speed up the inevitable evolutionary process of democracy in which Britain was somewhat behind America.

There was, of course, another breed of urban populist, an equally strange product of urban capitalist democracy, who did give out a little milk, some bread rolls, and a lot of jobs: the new city political machines of the Irish immigrants, later the Italians too. Alger's Mickey McGuires would work for them and did, indeed, often intimidate respectable voters from going to the polls. But the bosses of Tammany Hall and the like in other cities were of and for their people, although Lincoln's 'by the people' got no look in. A Tammany *sachem* or lieutenant of Mayor Richard Croker, one George Washington Plunkitt, famously philosophized that 'silk stocking principles are all very well, but they don't get you far in the 14th precinct' where it was also 'no use talking Shakespeare'. But of course this kind of affable tolerance of electoral corruption, so long as done by our people, has not entirely vanished and spreads far beyond the big cities, at times even determining the results of presidential elections themselves.

So liberal democracy had different modes in the USA but the overall dominating ideology was liberalism. There was no real Conservative tradition in European terms, nor socialism neither. Many books have been written about both but neither had any lasting effect on either the politics or the culture. This is why I have spent so much space on democracy in the USA, because there the constitutional and individualist strengths and the populist weaknesses are still

10. Woodrow Wilson meeting Congressmen, imagined by Max Beerbohm.

most vivid to the whole world in contrast to the more ideological political and class-cultural divisions of the old world. Louis Hartz wrote in *The Liberal Tradition in America* that 'the reality of atomistic social freedom is the master assumption of American political thought'; and argued that *the tradition* was liberal. This is only a paradox to Europeans, to whom tradition has been conservative and who, to this day, have some discomfort or confusion, whatever we call ourselves, about the very concept of democracy, even liberal democracy. H. G. Wells in a thoughtful travel book of 1906, *The Future in America*, said:

> the American community ... does not correspond to an entire European community at all, but only to the middle masses of it, to the trading and manufacturing class ... It is the central part of the European organism without either the dreaming head or the subjugated feet ... Essentially America is a middle class become a community and so its essential problems are those of a modern individualistic society, stark and clear, unhampered and unilluminated by any feudal traditions either at its crest or at its base.

Contemporary populism

To move into the world of today with just one rather interesting example of populism. Two years ago the editor of the London Sunday tabloid *News of the World* decided to publish the addresses of paedophiles released from prison. And at the same time the *Big Brother* television programmes were playing on Channel Four. In that game the viewers could vote who was to be chucked out one by one each week from the closed community, televised in their every moment – well, not quite, until only the prizewinner was left. So one could surf easily from the angry mob scenes in Portsmouth outside the home of an alleged released paedophile to those outside the *Big Brother* studio when Caroline – wasn't it? – was released or kicked out. The one mob was, of course, ugly, full of hate, potentially violent, while the other was facetiously high-spirited when they screamed, 'we hate Nick'. One for real and one for play, but both were mobs.

Hannah Arendt in her *Origins of Totalitarianism* distinguished between 'the people' and 'the mob'. The people seek for effective representation politically, whereas the mob hates society from which it has been excluded. Interestingly she called them a residue of *all* classes (the social class and occupations of arrested football hooligans is indeed more mixed than many would expect). The mob, she argued, are highly individualistic, all for number one, as it were; unless a charismatic leader emerges to legitimize their sense of being outside society, to bond their common hatreds for longer than spasmodic riots. Our two mobs are excluded from society in rather different ways, of course: the mob on the run-down Paulsgrove housing estate are, by many measures of social deprivation, objectively excluded; whereas the mob on the factoid studio set are subjectively excluded; they cheerfully exclude themselves from conventional ideas of seriousness and social responsibility. Let us call the two the full-of-hate mob and the empty mob.

So Channel Four had, indeed, created or adapted a brilliant entertainment for the empty mob, a cunning synthesis of game show and debased, dumbed-down documentary which impels, for at least four reasons, some serious attention as to how populism can thrive in a liberal-democratic culture. First, it creates the illusion of naturalism. Nearly all tele-dramas, not just the soaps, are for us watching others like ourselves doing recognizable things; very little imagination, fantasy, or magic realism; even if the frequency of murder, rape, other violent crimes, and even sex on first sight are statistically abnormal. They close down not broaden imaginative horizons. But most of us know that all that is made up. A caution, however: I remember having to tell a partner's 11-year-old foster child that the cowboys and Indians we were watching on the box were not really getting killed. She had asked me why anyone took on the job. This is the twilight zone of the factoids that can fool or confuse even adults – those movies that *know* why Kennedy was killed or reconstruct the judicial murder of a Saudi royal princess. We are too often in the world of confusion between journalism and entertainment. Channel Four made fatuous claims that *Big Brother* was serious reporting on how people react under pressure. Considering how heavily the surveillance film has to be cut and edited, and how aware the happy family is that they may be on camera, this is (in Bentham's words) nonsense on stilts.

Secondly, *Big Brother* gave the viewers sentencing power: the illusion of democratic participation and of popular power, happily in this case an illusion – unlike being given the addresses of alleged paedophiles. 'Crucify him, crucify him!' Not merely the tabloids feed this mentality, but increasingly the BBC. The *Today* programme will ask a relative of a victim how the perpetrator should be punished; or, with judicious economy, interview one ordinary person to gain, all too often, a snap, ignorant, prejudiced opinion as if representative of 'the people'; well, at least an *authentic* voice, a magic word that links populism high and low, in art as well as in journalism and sometimes government.

Thirdly, *Big Brother* attracted a huge mob to come and watch on the ground the expulsions from the anti-Paradise of those they had voted out. Davina, the presenter, dashed through them, like a frenzied post-modernist Anglo-Saxon messenger in *Alice*, inciting and feeding their lines, but all scripted, of course, unlike the mob leaders in Portsmouth. *She* was the apt embodiment of clamorous triviality or the purity of purposelessness. Not quite the Greek goddess Demokratia. And the empty mob could then go home and look for themselves on video playing at being a full-of-hate mob. Such is modern reality.

Fourthly, *Big Brother* stood Orwell's metaphor on its head. If any of the empty mob were to read *Nineteen Eighty-Four*, disappointment would be in store. Orwell's Airstrip One was under a totalitarian dictatorship. The telescreen was emphatically not for entertainment. Here he missed what was growing under his nose. But screens today *are* used for surveillance, even if now mainly for entertainment. The programme *Big Brother* pretended to be the voice of the people, or the empty mob. Well, we are a democracy, aren't we? Why can't the people have what they want? Even if a kind of democratic dictatorship, or what Tocqueville called the tyranny of the majority? No need for knowledge, reasoned discussion, recourse to authorities and experience. That is what populists call elitism. We don't want any of that. But just to point out that the case for populism replacing a construct of society based on good government, representative democracy, and reasoned debate, this would be stronger if those in TV and the tabloids who hide behind public opinion, while seeking to stir it to commercial advantage, really did make serious attempts to ascertain what it is – not just viewing figures, emails, readers' letters, and, of course, an editor's intuition. But professional in-depth public opinion surveys are expensive. Easier and cheaper to send a reporter out to find a colourful and articulate individual. Populist trendies are shocked to be reminded of Beatrice Webb's deflating aphorism that democracy is not the multiplication of ignorant opinions. But pause a moment. Surely reasoning, liberty, and human rights must limit or interact with the will of the majority? Take the issue of capital punishment, for instance.

Orwell's own version in *Nineteen Eighty-Four* of Big Brother's method of domination had some similarity to the world of sitcoms, game shows, and the prize inanities of *Big Brother*. Party members were tightly controlled, but the inner party made no attempt to turn the proles from spasmodic mob into party members. They are simply depoliticized by cultural debasement, dumbing down, kept even from thinking of demanding fair shares. The Minitrue, remember, had a special department for the proles:

> Here were produced rubbishy newspapers containing almost nothing except sport, crime and astrology, sensational five-cent novelettes, films oozing with sex, and sentimental songs which were

composed entirely by mechanical means on a special kind of kaleidoscope known as a versificator. There was even a whole sub-section; *Pornosoc* engaged in producing the lowest kinds of pornography.

This was not satire of Stalin's and Hitler's regimes; both those gentlemen were conventionally prudish and tried hard to indoctrinate and mobilize the masses. Orwell's was savage satire of Britain's popular press: it was a gross, Swiftian exaggeration or caricature, fed by his sardonic pessimism. Only one newspaper fitted the bill back then – the *News of the World*.

Orwell was perfectly serious in arguing that capitalism, faced with an at least formally literate and free electorate, can only maintain a system of gross inequalities and inequities of wealth by means of cultural debasement, a deliberate underuse of the resources and potential of literacy. Did he know of Habermas and the Frankfurt school of neo-Marxism? They argued just this. I doubt it. Old George probably worked it out for himself. The editor who stirred the full-of-hate mob may have thought she understood the common people instinctively or she may just have been selling newspapers. But she certainly stirred a mob reaction in populist manner on an issue that needs sensitive and informed leadership and serious democratic debate, careful and caring thought, not instinctive and precipitate action. Happily some voices of reason in the media began to remind us that there were only five child murders the previous year compared to hundreds of deaths on the roads and that 98% of recorded child abuse is within families. While tabloid reports of cases of child abuse, murder, welfare scroungers, incompetent doctors, etc. are usually well-researched and true (for fear of libel if they got it wrong), they are most often numerically insignificant and rarely offer or seek to find aggregate or comparative figures. Panics make news, comparative statistics are boring and demanding – elitist.

Throughout this small but illustrative incident, leading politicians talked far more strongly and more often of the need for new laws (offering no clear reasons except that some newspapers were demanding them) than they did in rebuke of the vigilantes. Baldwin rebuked Beaverbrook in 1936 for exercising 'power without responsibility; the prerogative of the harlot throughout the ages'. Could one imagine a modern prime minister or president speaking like this to a Murdoch? But Baldwin lived in elitist not populist days. Or is it more a matter of political courage, to appeal to the best instincts of people, not the worst? And perhaps rather than new laws, staffing levels and training in local support services are part of such problems, just as the root of the problems of poor education and lawlessness in those sad estates are largely economic (surely both socialists and free-marketeers would agree?). But we do not care to spend individually for what collectively we need. A politics of competitive tax-cutting has been practised. There must be limits to individualism. Orwell understood the difference between what the public is interested in, and the public interest. That is why he wrote that book whose warning has been treated with cynical contempt and itself appropriated in the *Big Brother* programme as prolefeed. There must be some better democratic, not simply populist, way of deciding matters. The populist mode of democracy is a politics of arousal more than of reason, but also a politics of diversion from serious concerns that need settling in either a liberal democratic or a civic republican manner.

Chapter 6
The conditions of modern democracy

> The world must be made safe for democracy.
>
> (Woodrow Wilson, address to Congress, 2 April 1917)

> There was an old man who supposed
> That the street door was partially closed,
> But some very large rats ate his coat and his hats
> While that futile old gentleman dozed.
>
> (Edward Lear)

When the American founding fathers said that 'all government rests on the consent of the people' they were either plain wrong or assuming that it *should* do so; and they assumed that when it did so the people would always be benign. They believed that what they had already could one day become universal. Already they were a confederacy of states with some forms of representative assemblies, however limited their powers, of citizens who wished to be independent of arbitrary external rule. The effective rallying cry, 'no taxation without representation', was really part of a more general claim, 'no obedience without representation' or 'no laws other than made by our elected representatives'. This last claim is what Mill was to mean by *Representative Government* and what most people today would mean simply by democracy. But most people when prodded into thought, by conflicts of values and interests or perhaps by little books, would want to add that even democratically made laws must respect individual liberties and some acceptable formulation of human rights. All government did not rest upon consent, except in the clear but almost trivial sense that even a war lord if he is to sleep must have trust in his guards, some cocoon of willing or induced consent. But in the modern industrial and globalizing world all governments seeking to manage such social transformation need mass consent – which is why so many military dictatorships claim to be democratic and, in the primal sense of the term, are democratic, depend on an active mass support in a way that no despot or autocrat in older peasant societies needed to.

So now I am grappling with a basic misunderstanding. Strictly speaking I am writing about democracy in a book so titled, but most readers will expect 'democracy' to be synonymous with good government or political justice in general. The term is commonly used for what we value most highly or are supposed to value, rather than as an important element in good government. Good government should be democratic, in both an institutional and a social sense, but also include individual liberties, human rights, economic progress, and social justice – which is something more than equality of political rights. If this sounds like Aristotle again, that democracy is a necessary element in good government but neither the ideal nor the form of the whole, so it is. That little tale about 'populism' should show that the democratic spirit can get out of hand. I have heard well-meaning people demand that schools should be democratic. That is, alas, Rousseau-like nonsense: that innocence is superior to knowledge, or is itself a form of knowledge. But I have argued strongly elsewhere that schools should be *more* democratic than they commonly are. I see citizenship education as a democratic impulse, but a democratic school is a contradiction in terms. It is easier to say when a government or any other form of authority is acting undemocratically than to say when it is acting *truly* democratically, except in the basic and minimal sense that it governs in a democratic context: faces periodic re-election and abides by the results, has to make known its decisions (even sometimes how it reaches its decisions), and allows public criticism

11. Christabel Pankhurst exhorting a suffragette meeting in Trafalgar Square to surround the House of Commons, 11 October, 1908.

in the media. My understanding of what most people mean by democracy is what the Greeks meant by 'polity' or simply political rule, a system that allows for peaceable compromises to be made between ever-present conflicts of values and of interests. That is why I wrote an *In Defence of Politics* and not an 'In Defence of Democracy'; so two cheers for democracy, not three.

The conditions of modern democracy

But enough on the ambiguities and 'the dangers of democracy'. I may begin to sound anti-democratic. Let me yield to popular usage, with a slight compromise, and ask what the conditions for a *modern* democracy are, even if I might pedantically prefer to say 'political regimes' or even 'republican government', for it is forms of government that constitute the real question at issue.

One can be more precise than is often thought to be the case about the conditions for modern democracy if one thinks historically and comparatively about the key factors conditioning but never fully determining forms of government. Any academic worth her or his salt will have a different listing of factors set in a different 'conceptual framework' with which to stimulate their students or torment them with neologisms. But I see something like these factors as important for all forms of government: the role of the inhabitants, official doctrines, typical social structure, the nature of the elite, typical institutions of government, type of economy, theories of property, attitudes to law, attitudes to knowledge, diffusion of information, attitudes to politics.

Let us see the form modern democracy takes for each of these, and sometimes contrasts with autocratic and even totalitarian forms may be helpful.

- *Role of the inhabitants.* Voluntary and individual participation is encouraged in modern democracies, but not compulsory. A person is free to act as a citizen or not, hence a discriminatory kind of loyalty. Only in time of war can the state mobilize all its inhabitants, otherwise people are free to move backward and forward between public and private life. To the liberal, just laws allow a maximization of private and commercial life; to the republican, a state is weak and private life incomplete without a high degree of civil participation. The contrast with autocracies is marked: they thrive on passive obedience and social deference ('let sleeping dogs lie'); and with would-be totalitarian regimes that need to mobilize their inhabitants for social transformation.
- *Official doctrines.* Allegiance in democracies is demanded and given by popular consent and on utilitarian and secular grounds: the state must demonstrate practical benefits in the here and now and not the hereafter. If authority is not truly a contract between rulers and ruled, yet commonly a contractarian language is spoken, as if rights depend upon duties. There is tolerance of diverse doctrines, so long as the behaviour which may follow does not directly threaten public

order or the safety of the state. In most autocracies allegiance is a religious duty, the state and its rulers being seen as part of a divine order. In modern would-be totalitarian states allegiance is owed to an ideology claiming to be comprehensive and prophetic of the course of history, and even inner reservations threaten the safety of the state.

- *Typical social structure.* All the ancient and modern authorities agree that a large middle class is essential (which is partly why Marxists used to reject modern democracy as a 'capitalist, bourgeois sham'). Extremes of wealth in the hands of a few can threaten democratic processes, and extremes of poverty remove people from the normal polity and can threaten order. What is extreme is, however, always politically contestable. 'Middle class' need not mean other clear classes. The post-Marxist idea of a classless society is that of a middle class or bourgeois classlessness – the American, Australian, Swedish, Dutch, post-war German, and Blairite or New Labour ideal, even if reality lags behind. Autocracies have highly stratified class or caste systems. Totalitarian regimes aim to be egalitarian but in fact develop a class system based on political and bureaucratic office-holding.
- *Nature of the elite.* Usually a fairly stable political class enjoying some prestige, but sharing status with business, intellectual, and social elites, and open and penetrable to varying extents by candidates from educational institutions partly designed to recruit talent and encourage mobility. The extent of mobility and openness is perpetually debatable, both for intention and result; and the relative prestige of the political elite now seems in or in danger of decline. In autocracies the elite is usually self-perpetuating and exclusive, and in totalitarian regimes it is in theory a meritocracy based on perfect social mobility but in practice more often a self-perpetuating inner party served by a relatively large and more genuinely meritocratic outer party.
- *Typical institutions of government.* The parliament, the assembly,

the congress, all elective, debating in public and reported, and in a multi-party system. Nearly always there is some devolution of powers to or continuation of old powers in local or regional governments. Systems of elections are almost infinitely variable and contestable. (In Britain 'first past the post' can be called undemocratic, certainly unrepresentative; but the answer is then that to ask 'is it democratic?' is the wrong question; the right one is then said to be 'does it contribute to clear, good, firm government?') In autocracies the court or the palace comprise a visible, awe-inspiring, and usually militarily defensible society within a society. There may be internal politics within the palace walls, but not in public. There may be rival courts for short periods of time – 'Come ye not to Court?' 'To whose Court, to the King's Court or to Hampton Court?' The typical institution in a totalitarian state is the single party.

- *Type of economy.* A market or capitalist economy in origin, theory, and ethos, but in reality usually a mixed economy, sometimes consciously and decidedly so, as in social democratic or democratic socialist regimes. Most autocracies (and military governments) are in agrarian societies. Attempts to industrialize either lead to democratization as power is spread and criticism is needed, or to concentrations of power as if towards totalitarianism but usually resulting in chronic economic and political instability. The true totalitarian regimes were war economies, whether at war or not, rejecting 'mere' economic criteria.
- *Theories of property.* In a modern democracy the possession of property is still a mark of individual worthiness, originally moral worthiness but now more economic. Some believe that God distributes the prizes although not responsible for the handicaps on the runners; but even in secular terms wealth demands some justification. John Rawls rejects literal equality but argues that all inequalities need public justification in terms of benefits to others. Forms of property become ever more mobile and individual: from

land as inheritance to land as purchase, from land to houses and workshops, then to joint-stock shares and to educationally acquired skills. So finally 'property' is mobile across national boundaries. In autocracies only land and treasure constitute property. In totalitarian regimes, in theory there is no personal property but invariably fruits, perks, and privileges of office.

- *Attitudes to law.* In autocracies law is either customary or the proclaimed will of the autocrat. In modern democracies law can be both customary and statutory, but new laws are made by a representative assembly or parliament. Law between individuals is largely a matter of contract but regulated by general rules by impartial judges not by personal favours or interventions as in autocracy. In totalitarian regimes law is interpreted by the general intentions of the ideology, not in the literal 'black letter' meaning of what is written down.
- *Attitudes to knowledge.* Again contrast makes modern democracy clearer. In autocracies knowledge is seen as a unified instrument of political power, part of the 'mysteries of power' or the unpublished 'reason of state' that is shared by the ruling elite but not to be questioned or debated publicly. Scientific and moral truths are confused and censorship is a necessary institution of state. In a modern democracy knowledge is seen as fragmented, related to problems not necessarily connected. Most moral truths are seen as relative in application, open to public debate, and distinct from scientific truths. There is official patronage of independent centres of learning and of the dissemination of knowledge. Knowledge has to be spread and remote from censorship if this kind of society is to work.
- *Diffusion of information.* Proclamations are typical of autocracies, newspapers of modern democracies. With no regular news, rumour and gossip become social institutions in autocracies, as does the spy as eavesdropper and the buffoon as safety valve or covert satirist. The growth of newspapers and their freedom from state control parallels

the growth of the democratic franchise. Printed materials outpace oral communication and rumour as the source of public information. The effective working of democratic regimes comes to depend more and more on people having access to reasonably accurate information about how the state is run and on the state being able to assess public needs and reactions reasonably accurately. Hence the objective need for neutrality and objectivity in official publications, in stark comparison to all knowledge being seen as either propaganda or as secrets of state in totalitarian regimes.

- *Attitudes to politics.* In modern democracies politics is always tolerated and usually actively encouraged. Politics is recognized as a conciliatory public activity aimed at or involving compromise. In autocracies the regime is either above mere politics or politics is limited to the privacy of the palace, the court, or the inner party. In totalitarian regimes politics is denounced as a bourgeois sham and, like all compromises, either purely tactical or a symptom of social contradictions yet to be eradicated. 'Political parties exist to perpetuate problems,' said Goebbels, 'we exist to solve them.'

These very simple comparisons can show that while some basic problems and ambiguities in the history and understanding of 'democracy' have not disappeared (opinion versus knowledge, 'the dangers of the tyranny of the majority', populism, and the strength that mass support gives to some modern autocracies), yet features of great strength and importance emerge when we make comparisons with the worst rather than frustrate ourselves by comparisons with an ideal best. To point to only two features, and benefits: first, by comparison it is clear that autocracies are damaged when the truth is written and known about their systems of government. For closed elites all depend on some myths and deceptions about the way government is conducted. They are endangered if it is widely and openly said that they are not always wise and right, and that sometimes the ruling elite needs to conceal that they are systematically exploiting their people rather than caring for them. On the other hand, modern democracies can sustain truths being told about how the system works. Some argue that they are actually strengthened thereby because, unlike in autocracies, when the policies and plans of government are known and can be publicly criticized, they can be rectified or if necessary abandoned. Particular governments can be called to question, discredited, and even thrown out of office but the stability of the regime or the whole system of government is not usually threatened (unless public opinion is led to believe that all politicians are corrupt and self-serving, perhaps even that the very activity of politics is corrupt).

Secondly, comparison makes clear that open, transparent government and not merely freedom of information, its availability and circulation, can be as important as actual participation. Not for a moment to detract from the importance of participation (as an underpinning for moral education as well as a mechanism of democratic government), but on the scale of modern democracies there are severe limits to that direct participation which was at least the ideal of ancient democracies and city republics. So governments of large territories are restrained quite as much by knowing that people know what they are doing (something quite new in history), in other words by public opinion, as they are by people being directly participative. Also governments need to know whether they will be followed if they lead. Some legislation if it is to be successful needs a change in behaviour, not just respect for or fear of the law (say speed limits, public health campaigns, energy conservation, race relations, etc.). A wise American student of British politics, Samuel H. Beer, said that parliament was a device for 'mobilizing consent' as much as for representing existing consent. Good freedom of information legislation is likely to be as important in mobilizing an informed consent as improving the system of electoral representation.

A Japanese incident

The proposition that truths can and must be told about democratic systems but not about autocracies without endangering them can be illustrated from a cautionary tale told by Masao Maruyama, a Japanese political thinker and cultural historian. A certain Kono Hironaka was at first a traditionalist bitterly opposed to the planned modernization of Japan, but he later became founder and leader of the Japanese Liberal Party. He recounted in his memoir that his conversion took place through reading John Stuart Mill's *On Liberty* (the modernizers' choice of what to translate is interesting).

> I was riding on horseback when I first read this book. In a flash my entire way of thinking was revolutionised. Until then I had been under the influence of the Chinese Confucianists and of the Japanese classical scholars, and I had even been inclined to advocate an 'expel the barbarian' policy. Now all these earlier thoughts of mine, *excepting those concerned with loyalty and filial piety*, were smashed to smithereens. At the same moment I knew that it was human freedom and human rights that I must henceforth cherish above all else.

Maruyama pointed out with a sad anger that these two reservations proved fatal both to Japanese democracy and to a free 'political science' or critical study of politics, two entities that he saw as dependent on each other. 'Kono does not show the slightest awareness that the retention of this traditional morality might pose a problem for liberalism.' For 'filial piety' meant that no public criticism should be made of a member of one's clan (a very extended family), and 'loyalty' meant that when laws were passed by the parliament in the emperor's name, an admired British and German custom, no enquiry could be made into the how and why. This was to render democrats and liberals impotent, both morally and politically, when faced by the ultra-nationalists in the Diet or parliament in the 1930s. Maruyama pointed out that the Imperial Rescript on Education, an ultranationalist document, was proclaimed shortly before the first meeting of the parliament, and unquestionable subsequently by that parliament because the Japanese state was seen as a moral entity with an unchallengeable right to determine values. Until quite recently there was some opinion in England that the monarch and the whole royal family should personify and cement moral values.

Comparisons can at times cause worry as well as create confidence. In the 1930s opinion in the democracies was almost united that free societies paid a price in terms of efficiency compared to the modernizing autocracies like Japan and, still more so, Nazi Germany, Fascist Italy, and the Soviet Union, each claiming to be totalitarian, in complete control of their economies and, moreover, using such efficient control to rearm. But the price had to be paid, said a hundred orators and editorials. The actual conduct of the Second World War, however, showed that many of these claims were hollow. Mussolini's claims to efficiency proved empty boasts; Hitler allowed rivalry in procurement of war materials between different departments and party leaders, even rival intelligence agencies, partly through his own administrative incompetence and partly to 'divide and rule'; and Stalin with his somewhat similar paranoias (absolute power never seems to leave people feeling safe) had purged in the mid- and late 1930s somewhere between half and two-thirds of the officers of the professional army; and in Japan the breakdown in trust and contact between the army and the political leaders led to the army ignoring any political factors in determining realistic war aims. Strangely when Britain had its back to the wall and Japan attacked the United States, both countries achieved a mobilization of their economies for war greater and more efficient than in Nazi Germany. In Britain senior civil servants who before the war did not believe in planning, nor believed that it was possible, swiftly created a planned economy even including the conscription of labour, even the conscription of women. The Nazis, mainly for ideological reasons, did not conscript women until defeat stared them in the face.

How could a democracy so suddenly turn itself into an effective war economy? The answer may lie in something fundamental to free societies. Aristotle saw it way back then. How can a tyrant hope to perpetuate himself in power, he asked? And he gave a most peculiar-sounding answer. The tyrant must keep all men of ability (*arete*) 'hanging about the palace gates' and he must ban all *symposia*, those drinking and social clubs where men of any standing met in the long siesta for talk, refreshment, and whatever. Why? Well, to keep them hanging about is to keep an eye on them – marked men – and to keep them from conspiring. But why ban innocent *symposia*? Because it is in such non-political institutions that men first learn mutual trust. And without mutual trust there can be no overthrow of tyranny. I think the superior mobilization of the British war economy was because people trusted each other, decisions could be devolved, and people could work together on that basis to fulfil central plans but without constant central monitoring. (This is an art that outside times of emergency we do not now always sustain – having plenty of time to work out elaborate devices of accountability and monitoring to ensure that public servants do their jobs, which in fact interfere with them doing their jobs when trust has diminished that they can do so from their own sense of professional duty.)

I used to tell my students that Rommel as a professional soldier guessed right where the allied landings in 1944 would take place. But as Hitler fell for the bluff of the Pas de Calais rather than Normandy, so Rommel had to place his Panzers out of position, as midway between the two as he dared. Even so he had to wait three days before Hitler would agree that the Normandy landings were not a bluff. By then it was too late. I would say that if a British commander had used his initiative, disobeyed Churchill's orders, and won, he would have become, no nonsense about it, Duke of Cheltenham, Surbiton, East Ham, or such; and if he failed, Governor General of Barbados or the Falklands. But if Rommel had done similarly and failed, instant and public death; and if he had succeeded he would have had a brief season of professional esteem before being quietly removed and purged, not so much for challenging the Führer's will as for exposing Hitler's lack of omniscience. In democracies not merely can trust be greater because omniscience is not expected but also because the fruits of failure are less drastic; people will trust their arm, trust their own judgement, exercise initiative. Perhaps Lincoln thought on those lines when he said that he didn't mind if McClellan, commander of the Union armies, was conspiring to become president or dictator for the emergency, so long as he could trust him to bring victories (which he didn't, so he went). Just as the desire for revenge can run contrary to the need for political compromise, so mutual trust is a basic condition for political action, and somehow one finds more of that in democracies than in autocracies.

Chapter 7
Democratic citizenship

Then let us pray that come it may,
As come it will for a' that
. . . . .
That man to man the warld o'er,
Shall brothers be for a' that.

(Robert Burns)

Most of the institutional devices typical of modern democracies were forged in republics or limited monarchies. Many of these pre-democratic devices were turned against the older ruling class to create a more democratic constitution, sometimes a more democratic society. It would be simple if one could say that the distinction between citizens and subjects gradually vanished – sometimes, sometimes not. In the United Kingdom the idea of legal citizenship being defined as subjects of the crown has lingered on. Immigrants seeking 'naturalization' (that is legal citizenship) have long had to take an oath of allegiance to the king or queen. Only in 2002 was a new 'citizenship oath and pledge' made law which added a pledge to respect the rights and freedoms of the United Kingdom and its inhabitants, to uphold its democratic values, observe its laws, and fulfil the duties and obligations of citizenship.

That last obligation, if somewhat ambiguous, is interesting. If the duties and obligations of citizenship simply meant the traditional obeying of the laws in return for the protection of the laws (or as some would say, being a good citizen), then that has been said already and the words are redundant. So it seems to imply a more active role for a citizen; that there is a duty to respect the rights and freedoms found in the United Kingdom. Political philosophers would argue that there is a close, even a reciprocal relationship between rights and duties: that you and I cannot assert what we conceive to be our rights without implying a duty to consider what effects this may have on others and thus to respect and encourage the rights of others; similarly if you and I pursue what we may conceive to be our path of civic duty, it implies that we think others

12. Nelson Mandela casts his vote in the first non-racial, full democratic election in South Africa, 1994.

have a similar duty and should be given the knowledge, skills and opportunities to exercise such duties. So it sounds as if the Home Office, whether consciously as government policy or unconsciously following perhaps a changing spirit in our times (the Germans have one word for this, *zeitgeist*), are saying that to be a new British immigrant citizen you must be, or should recognize that you ought to be, an active citizen. A republican paradigm has been grafted onto a monarchical one. In the USA there has long been a citizenship exam for immigrants and a ceremony in front of the flag pledging allegiance to the constitution. Having a written constitution in a democracy, even if it was, strictly speaking, a pre-democratic constitution, makes any dismissive distinction between the rights of legal citizenship and the expected duties of citizenship harder to draw – at least on paper.

Institutions

To be effective, active citizenship demands not just will and skill but some knowledge of institutions, not an abstract or an academic comprehensive knowledge, but a practical knowledge of what levers of power are relevant to particular intentions. It would be far beyond the scope of this book to try to compare the relevant effectiveness of different forms of institution in different democracies. Political scientists do a lot of this, but I have always been sceptical about whether there is ever a like to compare with a like once one appreciates how much the same thing works differently in the context of different national cultures and histories. The United Kingdom in the post-war period of withdrawal from empire gave or left behind Westminster models of parliamentary government in nearly all her former colonies. None work as expected, some broke down entirely, and even where they didn't (as most notably in India) a prior knowledge of Westminster ways could be a prejudicial obstacle rather than a help in understanding the new context, dynamics, problems, and possibilities.

However, there are some general institutional characteristics of modern democracies. Some are obvious, some less so; but let me set them down nevertheless. I base this, with homage but paraphrasing with amendment and addition, on the categories in Professor Robert Dahl's fine article in *The International Encyclopedia of the Social and Behavioral Sciences*, even if I differ with him on his assertion that most of these are specifically modern.

- *Elected representatives*. Control of government by members of a parliament or assembly etc. elected by citizens. Actually Dahl says 'elected officials' which is either rare or quite specific to many parts of the USA. (When judges and state prosecutors are elected, then the populist mode of democracy rather than the liberal democratic has kicked in.)
- *Free, fair, and frequent elections*. He adds 'in which coercion is relatively rare'. Teams of election observers now go out to many countries trying to establish or re-establish democratic elections after emerging from military dictatorship; they look for coercion but also for fraud (which may not be unknown at home).
- *Freedom of expression*. 'Citizens have a right to express themselves without danger of severe punishment on political matters broadly defined . . .'. Indeed, but is 'political' needed here? Some suppression of free speech in autocracies takes place by branding words as 'political', certainly; but it can also be said ingenuously that the banning of sex education in public high schools is *not* political – simply a matter of the private morality of school boards, parents, and even legislators not subject to political compromises
- *Access to alternative, independent sources of information*. Dahl is right to put this immediately after 'freedom of expression', which becomes useless if sources of evidence are not available to challenge governments' publications and their ability to massage, suppress, or even invent statistics, especially if the governments have undue influence, even control, over the press and broadcasting media.
- *Autonomous associations*. Citizens must have 'the right to form relatively independent associations or organisations, including

independent political parties and interest groups'. Indeed, following Tocqueville, this is fundamental to freedom and democracy; but it seems that political parties in modern democracies are the basic institutions that bind government to the electorate. So 'a multi-party' system may deserve a separate title. And issues of how far new demands for multicultural policies can go are complex and not easy (as are self-portraits about how multicultural are states like Britain and the USA already).

- *Inclusive citizenship.* 'No adult permanently residing in the country and subject to its laws can be denied the rights that are available to citizens and are necessary to the five political institutions listed above.' But note that the right to vote is often not granted to permanent residents. National feelings can run high. And laws on the status of foreign spouses can often be highly specific and peculiar.

However, perhaps Robert Dahl takes for granted what is not to be taken for granted, especially in new or emerging democracies: the need for some real *independence of the judiciary* from government and some real constitutional support for *an impartial and reasonably neutral civil service.* Perhaps he would answer that because the United States is plainly a democracy *without* these two institutional features, that they are not prerequisites at all. I would grant the relative singularity of American institutions but then see this lack as an element of populist democracy rejected by others in the name of good government. But the western US states nearly all legislated in the 1900s for some quite interesting devices attempting to secure a populist style of politics: provisions for *initiative* of legislation by popular petition, for *referenda*, and for *recall* of elected members. Not all have survived and their blessings have been very mixed.

So we circle round and round this point. As soon as we think we have at least an ostensive or empirical definition of democracy – that is pointing to common features of regimes normally called democracies – we find the majoritarian or populist problem arising.

Plato's ghost haunts us. Yes, we know the answer. History, reason, and morality must throw into the democratic pot liberty, human rights, and the brotherhood of man. This good blend we then can cheerfully label as modern democracy, even if the label is better than much of the wine. So to avoid fatuous optimism that this blending always equates with good government, should we not, while we are about any listing such as above, add these two other negative requirements for good government: that neither an American-style party 'spoils system' for public officials nor a politically motivated judiciary are conducive to political justice, and sometimes not even to political stability? And democracies can be as foolish, reckless, and aggressive in their foreign policies as can autocracies. There are no final answers in the name of democracy. Lists, like definitions, settle nothing. There is only a continual process of compromise between different values and interests, politics itself.

What people see as democratic principles may sometimes have to be compromised. The Revd Dr Ian Paisley, MP, MEP frequently and understandably complains Northern Ireland is governed in an undemocratic manner: 'the democratic' majority is denied power by an imposed, highly artificial, and intricate power-sharing arrangement based on a contrived electoral system; and the imposition connived at, to make matters worse, by a foreign government; so both national sovereignty and democratic principles are broken. Indeed, but what was being sought after (as Thomas Hobbes would have sardonically recognized) was peace, not pure democracy, something perhaps not agreeable to a majority but at least acceptable. It was, indeed, a political process, not a fully democratic one. In South Africa around the time of transition from a racist state to a negotiated democratic constitution, the African National Congress raised the cry of 'one person, one vote' (actually they said 'one man, one vote', but quickly erased that small error). There was no possible denying their right and power to the vote and to make South African blacks the overwhelming majority in the new order. But that was not the whole point. Their leaders knew that there had not merely to be a peaceful resolution but one that would not cause a flight of investment and capital from South Africa. Therefore formidable legal restraints and a Bill of Rights became part of the political compromises of the new constitution specifically to reassure white South Africans. In some ways 'the Peace Commission' (no punishments for past violations of human rights in return for true confessions) could be seen as a denial of principles of justice and of majority rights; but again it was a compromise for the sake of peace and economic and political stability. Democracy returned to Spain and Chile with somewhat similar compromises. 'Sovereignty of the people' was recognized to have limits. The safety and future of the republic, of republican or democratic government, in both cases was put before the great risks involved in pursuing vengeance, even justice, against the perpetrators of atrocities, violators of human rights.

Liberalism and republicanism

Most people today want to keep their engagements with the state and public affairs to the minimum. We enjoy the benefits of known and acceptable laws (unless very poor or otherwise discriminated against). The liberal state as it developed in the last two centuries in Europe and North America created a framework within which people could lead their private and commercial lives with a minimum of interference. Their interventions were limited in the main to voting in public elections. Relatively few people outside the labour movements were active in political parties; most were content to leave public affairs to a relatively small group of people under the scrutiny of the press and, to some extent at least, under the control of the courts. That political class consisted sometimes of democratic socialists representative of a majority working-class movement or sometimes of Conservatives or Christian Democrats accepting or developing enough of a welfare state to defuse discontent with the system. Between them there were serious policy differences centring on attempts to redistribute income, somewhat – but never to kill the goose that was laying golden eggs, the capitalist market system. Business interests resented higher taxation for political or moral ends and often talked hysterically about the very system of private enterprise being near collapse, which was never so. But there came a time when the success of post-war capitalism had created a middle class larger than the old working class, in large part a new middle class able to spend money on consumer goods, cutting adrift from the old world of essentials, bare necessities, and hard saving against emergencies. In Britain the co-operative stores were replaced by the supermarkets. This was the consumer society. Thatcherism and Reaganism did not create it. They were products of it. They could now win elections without bothering too much about the welfare of a working class who were no longer, for the first time in history, the majority class, indeed were rapidly becoming an under-class – depoliticized, unorganized, and no longer protected by the competitive party systems of democracy.

Party leaders could conduct election campaigns by brushing aside difficult issues with nebulous sincerities but with no real serious debate. The parties concentrated their efforts on the middle ground: lower taxation replaced public expenditure as election cries. The new middle class was far more individualistic than the older middle class, more self-and-family centred with less feeling for public service, less belief that rights entail duties and responsibilities. Party leaders and managers became openly and unashamedly more interested in immediate election tactics, projection of personality, and in media presentation than in thinking through and advocating ideas and policies relating to long-term social needs. Many of those urban intellectuals who were once so influential in social democratic politics now take up big small causes such as 'Save the Whale', 'Ban GM Foods', animal rights, etc., but not poverty or economic injustice. They will attack racism as, indeed, an affront to human dignity and any kind of democracy, but not face up to the root causes of discrimination – stark poverty, economic disadvantage, and even relative deprivation. Political leaders in Britain who had been wont on platforms and in memoirs to ascribe British democracy and freedoms to the great traditions of service in local government and in voluntary bodies, suddenly began to downgrade and even rubbish local government as a wild card in national politics and election strategies, and make speeches aimed at reviving volunteering – good for the soul, certainly, but also for savings on government services and a further undercutting of local government which was not so long ago believed to be at the very roots of democracy. And in the United States the terrible events of 11 September 2001 became an excuse to excite popular passions to indifference to the once-great tradition of constitutional and civil rights.

Now I have lapsed into putting in somewhat populist terms what political thinkers would express more soberly and theoretically as the difference between liberal democracy and the older civic republic ideas of the duty of citizens to participate in public affairs; and that so doing in concert with others is a moral education. In Britain and the United States we are, in fact, in at least the second decade of a remarkable spread and revival of serious political thought. The only difficulty is that it is confined to the universities, academics talking to each other and their brighter students (it is not a soft option like most business studies). Little of it penetrates to politicians or the press. Quentin Skinner, a leading historian of political ideas, has written that 'it is ironic that the development of the Western democracies should have been accompanied by the atrophying of the ideal that government of the people should be conducted by the people'.

> Among moral and political writers of the Renaissance, it was widely agreed that the only way to maximise the liberty of individual citizens must be to ensure that everyone plays an active role in political affairs. Only by such full participation, it was argued, can we hope to prevent the business of government falling into the hands of a ruling class. Since the seventeenth century, however, the leading Western democracies have repudiated this view in favour of a strongly contrasting one. It has been an axiom of liberal theories

about the relationship between government and the governed that the only way to maximise freedom must be to minimize the extent to which public demands can legitimately be made on our private lives.

I would only differ with the rigidity of the time-scales he implies. This civic republicanism existed strongly in the early American republic but was swept away as a popular force in the 'triumphant' democratic capitalism of the post-civil-war era; and something of this positive approach to liberty or freedom was common in the Chartist and Labour movements: freedom was not just being free from interference, it was *acting freely* for the public good or the general interest. But this does not detract from the broad point he makes. The very scale of the political and legal institutions of modern democracies seems to demand the good citizen more than the active citizen: the relatively smooth working and security of democratic institutions can actually smother an active democratic spirit by appearing to diminish its need. Nearly all significant measures of public participation in political processes now show marked decline, not merely in election turn-outs.

Citizenship

The question should finally be asked, essentially Rousseau's question, can we educate for a democracy? And what examples from government can help or hinder? It happens that I was made chairman of an advisory group to a Secretary of State for Education with the remit: 'To promote advice on effective education for citizenship in schools – to include the nature and practices of participation in democracy; the duties, responsibilities and rights of individuals as citizens; and the value to individuals and society of community activity'. 'An effective education for citizenship' and 'practices of participation', that was a remit I could live with at the small price of temporary silence about the contrast (contradiction?) between these incitements and the government's general style or policy of centralization and tight control, especially within its own party. Fortunately governments are not wholly consistent. They want, of course, good behaviour and *good* citizens, but also (Quentin Skinner and I are at times too gloomy) the old language and aspirations of *active* citizenship or civic republicanism keeps breaking out in some key contexts – like in the new oath to gain legal citizenship and in the remit to my committee. The eventual report was unanimous and was adopted as a new and compulsory curriculum in English secondary schools. It stated:

> We aim at no less than a change in the political culture of this country both nationally and locally: for people to think of themselves as active citizens, willing, able and equipped to have an influence in public life and with the critical capacities to weigh evidence before speaking and acting; to build on and to extend radically to young people the best in existing traditions of community involvement and public service, and to make them individually confident in finding new forms of involvement and action among themselves.

I often wonder how many of my group realized that they were signing up to the radical agenda of civic republicanism rather than the less demanding 'good citizen' and 'rule of law' imperatives of liberal democracy. The 'citizenship order' for schools provides instrumentalities for this more radical agenda: discussion of controversial issues; participation in school and community affairs; learning skills of advocacy; the idea of 'political literacy' as a blending of skills, knowledge, and attitudes; learning awareness of cultural diversities – the different nations, religions, and ethnic groups within the United Kingdom; all this and more where there was no national curriculum for citizenship before. I often wonder if the government as a whole realized the gradual but real effects this could have on society (if it has much effect at all, which is now in the hands of teachers not governments) and on the conduct of government itself. People might become more demanding and more knowledgeable about how to achieve their demands, also irritatingly more unpredictable. From a government's point of view the trouble with free citizens is that a government is never quite sure how they will exercise that freedom.

Some leading politicians in both countries try to bridge the contradiction between the convenience of liberal democratic theory for the conduct of government and the more disruptive, unpredictable civic republican theory. They try to reduce, whether sincerely or cynically, citizenship to 'volunteering', or in the USA 'service learning'. But the difficulty is this: too much volunteering can simply be young people being told what to do by well-meaning older folk. Volunteers can be canon fodder and can become disillusioned if they are not treated as citizens and are given responsibilities for carrying out a task but not for suggesting how to modify it if it seems mistaken or trivial either in aims or methods.

Most countries in Western Europe already had citizenship education in their schools, and now countries from the former Soviet bloc add it to their curricula, almost desperate to counter the cynicism about government created by decades of indoctrination rather than education. The UK now sees the need and has acted, and the USA is setting about restoring, repairing, and hopefully reforming (not conforming – too early to tell) civic education in its public high schools. The main motive may be to restore or create *good* citizenship but generally it is realized that that can only be a welcome by-product of learning *active* citizenship, aiming to empower young people. The old routines of learning about 'the constitution' in a non-discussive, un-problematic, and therefore dead boring manner (often called Civics) are now generally recognized as at least useless, at worst counter-productive to encouraging a democratic spirit. Even in the heart of consumer societies, even with the dispiriting examples set by those in public life, there is this small mediating tendency, potentially important; or at least a sign that the ideas of civic republicanism in the context of democratic institutions are, if not in the ascendancy, not yet vanquished by any means, as the historian of ideas implies. Some good people are doing it without having read about it.

In conclusion

All discussions of democracy are inconclusive and never-ending. Fortunately there are no final solutions, hellish or benign, the Holocaust or a New Jerusalem on earth. There is in the emergence of global capitalism but 'no end of history', as Fukiyama foolishly argued. Capitalism is as strong or as brittle as the moral sense and responsibility of capitalists (the somewhat forgotten part of the teaching of Adam Smith in *The Wealth of Nations*). 'Sovereign states' are not as sovereign (if some of them ever were) or as powerful as in the past, but the political modifications they can achieve in their economies are not insignificant to their inhabitants. In some respects the world situation is depressing.

13. The Berlin Wall, 8 November 1989.

It is not particularly safe for democracy, as was Woodrow Wilson's ideal. Neither the United Nations nor the United States has the inclination or the power to try to impose democracy, or even human rights, universally. And there is no democracy between states, and others can vote as they choose in international forums, but the present government of the United States puts domestic lobbies before concerted action on global warming, peace keeping, joining on equal terms an international court for war crimes; and 'the war against terrorism' proves ludicrously arbitrary.

The reasons to hope for the spread of democratic *institutions* are mainly to be found in important negative arguments: the tendency for economic inefficiency and wasteful corruption in one-party states or military regimes whose conduct of government and plans are not subject to public criticism. Such regimes can collapse literally into bankruptcy and by massive inflations of worthless currencies that can finally provoke their people into rebellion and the supporters of their state apparatus into inactive despair. The people involved in the risings in Eastern Europe in November 1989 acted heroically. There was a democratic *spirit*, indeed. The workers, the church congregations, and the students in Leipzig, Dresden, Berlin, Prague, and Bratislava, etc. did not know that the police and the army would not fire on them (sometimes disobeying orders to fire). The 'power of the people' and human courage was demonstrated, even if they only hastened not caused the collapse of those regimes. The Communist Party in the Soviet Union tried to reform in time by *glasnost* and *perestroika* and to retain power in a more benign guise, but the whole economic system simply broke down. Revolutions as often take place because the old regime simply collapses out of economic inefficiency and bureaucratic rigidity rather than for the reasons given out by their successors taking too much credit, however heroic their actions at the time of crisis (but so often in the past hopeless). To mock old Marxists, there are 'objective reasons' why democratic economies are usually stronger.

But China makes one pause. Those who argue, as the late F. A. Hayek did so powerfully, that capitalism created democracy and even that globalization is thus a force for the inevitability of democracy, have some special pleading to do over the case of the most rapidly expanding capitalist economy in the world in which the government nonetheless remains in the hands of a party; albeit a government that has, as it were, retreated both from detailed controls of society and egalitarianism doctrine, as distinct from a meritocratic ethos. Can the success of the economy divert the minds of the Chinese people away from political and democratic questions entirely – a stark modern example of the Roman imperial 'bread and circuses' – or will corruption, dissension, and damaging mistakes emerge at the top? Perhaps the real story of democracy in the West (not Hayek's – he somehow forgot about the pre-capitalist Greeks and the Romans) is when elites begin to quarrel among themselves for absolute mastery (power does that to people), and one faction or another appeals to the power of the people, whoever the people are who have potential powers, whether on the streets or in boardrooms of banks and trading companies.

My own views are fairly clear, I hope; but all things are relative and even a purely liberal democratic regime aggressively supporting a largely depoliticized consumer capitalism would be preferable to an old-style Soviet or even a new China model. We can do better than that, however. Circumstances change and there are always choices for change that can be made, always some influence that can be applied if we know the pressure points; changes do not always come as quickly as we might wish, sometimes too quickly. But in a modern democracy changes can be made and are best made not in a populist manner but in a reasoned political manner. Politicians who want to be followed know that they have to listen. That's democracy for you.

Can existing 'democracies' become radically more democratic societies? Improved institutional arrangements are always needed but are never enough by themselves to induce a democratic spirit. The answer in theory is fairly obvious: the diffusion of power. Take the case of Britain and Europe. There is plainly a strong case for some powers to be devolved down, but others quite rightly were devolved up. Some big things we could not do on our own, but in many other things there is no need for uniformity whether coming from Brussels or Whitehall and Westminster (or should one add, Washington?). David Marquand has put the theory of this most eloquently. Wilson of Pennsylvania was in 1787 right: 'He was for raising the federal pyramid to a considerable altitude, and for that reason wished to give it as broad a base as possible'. Within Britain itself there are, after all, good reasons why the economy has become over a long period more and more centralized. There are great benefits in the enterprise economy of a liberal democratic state and problems of scale make the ancient ideas of civic democracy, of civic republicanism, and a 'face-to-face' society hard to apply. Communication, availability of information, transparency and open government, the press and the broadcasting media, these are in reality controls on central government more powerful than direct participation. But the reasons why the powers of local government have been diminished have been almost wholly bad.

Civic republicanism, that is the democratic spirit of direct participation, can and should be firmly rooted in regions, localities, neighbourhoods; and all powers that can be devolved should be devolved. One cannot have both freedom and uniformity. For example, our national press in Britain clamours that it is a 'post-code' lottery whether or not one can get a particular treatment on the National Health Service, or how quickly. But the papers also clamour (on another day) against rigid, bureaucratic centralism. Governments who believe that the press is public opinion, or can influence it more than they can, then produce national standards or frameworks that give no space for serious thought and action about local needs, priorities, and initiatives. Fear of the arbitrariness of the press also inhibits serious debate about division of powers between centre and localities, indeed also between what is appropriate to public and what to private provision. Tocqueville was right. A high degree of autonomy for localities and groups within the state is essential for freedom within a democracy. So thought the civic republicans, remembering the Greeks and the Romans: within sub-groups and localities wherever possible and as far as possible participative democracy should be practised. Such is good for the polity and good for the life of each individual. We are at our best as others see us, which depends, of course, on how we see them – morally, politically, democratically.

I am a humanist. But I am in sympathy with much that was in the theologian Reinhold Niebuhr's book *Christian Realism and Political Problems*: 'Man's inclination to justice makes democracy possible; but man's capacity for injustice makes it necessary.' The optimism we need to prevent ourselves from destroying our own democratic freedoms and, indeed, our own human habitat must be based on a reasoned pessimism.

Further reading

Nearly everything written on the history of political ideas either touches on democracy or is relevant to it, and similarly the vast number of general books on types of political institutions – whether called, at various times, 'Modern Democracies' or not. In the United States particularly the whole study of politics can revolve around the meanings and the institutions of democracy (to a fault, for if we are to combat other systems we need to understand how they actually work; and to avoid thinking that how we practise democracy is the only game in town). So I have decided to be ruthlessly, but I hope then helpfully, selective: I now list the books I myself have used and found helpful over many years and in writing this long essay or short book. There are so many truths that one must be economical.

For classic works I have not recommended particular editions. Scholarly editions are to be found in the magnificently comprehensive, ongoing series of the Cambridge Texts in the History of Political Thought (Cambridge University Press); but there are a wide variety of more popular paperback editions also.

Advisory Group on Citizenship, *Education for Citizenship and the Teaching of Democracy in Schools* (Qualifications and Curriculum Authority, 1998).

Horatio Alger, *Struggling Upward, or Luke Larkin's Luck*, ed. Carl Bode (Penguin Books, 1985).

Geoff Andrews (ed.), *Citizenship* (Lawrence & Wishart, 1991).
Hannah Arendt, *The Origins of Totalitarianism*, 2nd edn (Allen & Unwin, 1958).
— *The Human Condition* (Cambridge University Press, 1958).
Aristotle, *The Politics*.
— *Main Currents in Sociological Thought*, vol. 1 (Weidenfeld & Nicolson, 1965).
Raymond Aron, *Democracy and Totalitarianism* (Weidenfeld & Nicolson, 1968).
Benjamin Barber, *Strong Democracy* (University of California Press, 1984).
Max Beloff (ed.), *The Debate on the American Revolution, 1761–1783* (Nicholas Kaye, 1949).
Isaiah Berlin, *Four Essays on Liberty* (Oxford University Press, 1969).
J. H. Burns, *Political Thought: 1450–1700* (Cambridge University Press, 1991).
Andrew Carnegie, *Triumphant Democracy* (1886).
Alfred Cobban, *The Debate on the French Revolution, 1789–1800* (Nicholas Kaye, 1950).
Benjamin Constant, *Écrits politiques*, ed. Marcel Gauchet (Éditions Gallimard, 1997).
F. R. Cowell, *Cicero and the Roman Republic* (Pelican Books, 1956).
Bernard Crick (ed.), *Citizens: Towards a Citizenship Culture* (Blackwell and Political Quarterly, 2001).
— *Essays on Citizenship* (Continuum, 2000).
— *In Defence of Politics*, 5th edn (Continuum, 2000).
— *Basic Forms of Government* (Macmillan, 1973).
Colin Crouch, *Coping with Post-Democracy* (Fabian Society, 2001).
— and David Marquand (eds), *Reinventing Collective Action* (Blackwell and *Political Quarterly*, 1992).
Robert A. Dahl, *Democracy and Its Critics* (Yale University Press, 1991).
— *On Democracy* (Yale University Press, 1999).
Cynthia Farrar, *The Origins of Democratic Thinking: The Invention of Politics in Classical Athens* (Cambridge University Press, 1988).
S. E. Finer, *The Man on Horseback* (Pall Mall Press, 1962).
— *The History of Government*, 3 vols (Oxford University Press, 1997).

M. I. Finley, *The Ancient Greeks* (Chatto & Windus, 1963).
W. G. Forrest, *The Emergence of Greek Democracy* (Weidenfeld & Nicolson, 1966).
Carl J. Friedrich, *Constitutional Government and Democracy*, rev. edn (Ginn & Co., New York, 1950).
Andrew Gamble, *Politics and Fate* (Polity, 2000).
Ernest Gellner, *Conditions of Liberty: Civil Society and Its Rivals* (Hamish Hamilton, 1994).
Alexander Hamilton, John Jay, and James Madison, *The Federalist*
James Harrington, *Oceana* – *see* J. G. A. Pocock.
Louis Hartz, *The Liberal Tradition in America* (Harcourt Brace, 1955).
David Held, *Models of Democracy*, 2nd edn (Polity, 1996).
Christopher Hill, *Puritanism and Revolution* (Secker & Warburg, 1958).
Paul Hirst and Sunil Khilnani, *Reinventing Democracy* (Blackwell and *Political Quarterly*, 1996).
Thomas Hobbes, *Leviathan* (1651).
Richard Hofstadter, *The Paranoid Style in American Politics* (Cape, 1966).
Thomas Jefferson, *Political Writings*, ed. Joyce Oldham Appleby and Terence Ball (Cambridge University Press, 1996).
John Keane, *Democracy and Civil Society* (Verso, 1988).
Preston King, *Toleration* (Allen & Unwin, 1976).
Mario Attilio Levi, *Political Power in the Ancient World* (Weidenfeld & Nicolson, 1965).
A. D. Lindsay, *The Modern Democratic State* (Oxford University Press, 1943).
John Locke, *Two Treatises on Government* (1689).
Niccolò Machiavelli, *The Discourses* (1531).
C. H. McIlwain, *Constitutionalism Ancient and Modern* (Cornell University Press, 1947).
C. B. Macpherson, *The Real World of Democracy* (Oxford University Press, 1966).
David Marquand, *The New Reckoning: Society, State and Citizens* (Polity, 1997).

Masao Maruyama, *Thought and Behaviour in Modern Japanese Politics*, ed. Ivan Morris (Oxford University Press, 1963).

Lidia Storoni Mazzolani, *The Idea of the City in Roman Thought* (Hollis & Carter, 1967).

Christian Meier, *The Greek Discovery of Politics* (Harvard University Press, 1990).

Michael Mendle (ed.), *The Putney Debates of 1647: the Army, the Levellers and the British State* (Cambridge University Press, 2001).

J. S. Mill, *Autobiography* (1873).

— *On Liberty* (1859).

— *Considerations on Representative Government* (1861).

Barrington Moore Jnr., *Social Origins of Dictatorship and Democracy* (Allen Lane, 1967).

Reinhold Niebuhr, *Christian Realism and Political Problems* (Faber & Faber, 1954).

Adrian Oldfield, *Citizenship and Community: Civic Republicanism and the Modern World* (Routledge, 1990).

Dawn Oliver and Derek Heater, *The Foundations of Citizenship* (Harvester Wheatsheaf, 1994).

Plato, *The Republic.*

J. G. A. Pocock (ed.), *The Political Works of James Harrington* (Cambridge University Press, 1977).

— *The Machiavellian Moment: Florentine Political Thought and the Atlantic Republican Tradition* (Princeton University Press, 1975).

John Rawls, *A Theory of Justice* (Clarendon Press, 1972).

Joseph Schumpeter, *Capitalism, Socialism and Democracy* (Allen & Unwin, 1943).

Richard Sennett, *The Fall of Public Man* (Knopf, 1977).

Quentin Skinner, *Liberty Before Liberalism* (Cambridge University Press, 1998).

Adam Smith, *The Wealth of Nations* (1776).

Herbert Spencer, *Man versus the State* (1884).

John Tebbel, *From Rags to Riches: Horatio Alger, Jr. and the American Dream* (New York, Macmillan, 1965).

Thucydides, *The Peloponnesian War.*

Alexis de Tocqueville, *L'Ancien Régime et la Révolution en France* (1856), translated under various titles.
—— *Democracy in America*, 2 vols. (1835–40).
H. G. Wells, *The Future in America* (Harper, 1906).

“牛津通识读本”已出书目

古典哲学的趣味
人生的意义
文学理论入门
大众经济学
历史之源
设计，无处不在
生活中的心理学
政治的历史与边界
哲学的思与惑
资本主义
美国总统制
海德格尔
我们时代的伦理学
卡夫卡是谁
考古学的过去与未来
天文学简史
社会学的意识
康德
尼采
亚里士多德的世界
西方艺术新论
全球化面面观
简明逻辑学
法哲学：价值与事实
政治哲学与幸福根基
选择理论
后殖民主义与世界格局
福柯
缤纷的语言学
达达和超现实主义
佛学概论
维特根斯坦与哲学
科学哲学
印度哲学祛魅
克尔凯郭尔
科学革命
广告
数学
叔本华
笛卡尔
基督教神学
犹太人与犹太教
现代日本
罗兰·巴特
马基雅维里
全球经济史
进化
性存在
量子理论
牛顿新传
国际移民
哈贝马斯
医学伦理
黑格尔
地球
记忆
法律
中国文学
托克维尔
休谟
分子
法国大革命
丝绸之路
民族主义
科幻作品
罗素
美国政党与选举
美国最高法院
纪录片
大萧条与罗斯福新政
领导力
无神论
罗马共和国
美国国会
民主
英格兰文学
现代主义
网络
自闭症
德里达
浪漫主义

批判理论
电影
俄罗斯文学
古典文学
大数据
洛克
幸福
德国文学
戏剧
腐败
医事法
癌症
植物
法语文学
儿童心理学
时装
现代拉丁美洲文学
卢梭
隐私
电影音乐
抑郁症